Christmas Word Search Large Print: A Festive Puzzle Book with Easy Christmas word search for adults and Seniors

Easy Holiday Word Searches for Adults and Seniors | Large Print Christmas Fun for All Ages!

Holly Winters

BRING THE

Magic of

Christmas

to your

Fingetips

Contents

Foreword

The holiday season brings with it a warmth, joy, and spirit of connection that fills our hearts and homes. In creating this Christmas Word Search book, I aimed to capture a bit of that magic and deliver it through an engaging and relaxing activity. This book is designed with seniors and adults in mind, featuring large-print puzzles that are easy on the eyes and enjoyable to solve. The carefully chosen words and themes are meant to evoke the charm and nostalgia of Christmas, bringing memories of favorite traditions, carols, and festivities.

Foreword

Research highlights that word games like word searches are more than just fun; they're incredibly beneficial for adults and seniors. Studies show that word puzzles help keep the mind sharp by stimulating mental engagement, boosting memory retention, and improving focus.

Solving puzzles also **reduces stress, encourages mindfulness, and enhances problem-solving skills**, all of which are essential for maintaining cognitive health as we age. This book not only brings a touch of holiday cheer but also provides a gentle workout for the mind, helping you stay mentally active and alert in a way that's both enjoyable and relaxing.

Whether you're curled up by the fire, enjoying a quiet moment with a cup of tea, or sharing some holiday cheer with family and friends, this book is here to provide a delightful way to celebrate the season. Each puzzle offers a unique opportunity to relax, reminisce, and rejuvenate, while also supporting mental well-being. From classic winter themes to modern-day holiday favorites, every word search is a chance to immerse yourself in the spirit of Christmas.

So, settle in, grab a pencil, and let these word searches add a little extra sparkle to your holiday season. May this book bring you as much joy, peace, and mental fitness as the holiday itself!

Warm wishes,

HOLLY WINTERS

REVIEW QUOTES

★★★★★

"A perfect holiday treat! The large print makes it so easy to read, and the Christmas themes are heartwarming. I've shared it with friends and family!"

— *Margaret W., age 68, London, UK*

REVIEW QUOTES

★★★★★

"Such a fun way to celebrate the holidays! I loved every puzzle, and it brought back so many wonderful memories. Highly recommended for seniors!"

— *John D., age 72, Toronto, Canada*

★★★★★

"This book made my Christmas season even more special! The large print is very thoughtful, and the puzzles are enjoyable yet relaxing. I finished it in no time!"

— *Lynette R., Melbourne, Australia*

★★★★

"Great holiday gift! I bought this for my parents, and they absolutely love it. It's festive and so easy on the eyes. A must-buy for the season!"

— *Rajiv S., Mumbai, India*

★★★★★

"Perfect mix of fun and challenge! I've done a few word search books, and this is by far my favorite. The large print is ideal for seniors, and each page fills me with Christmas spirit!"

— *Susan K., age 65, Chicago, USA*

Chapter 1
WORD SEARCH PUZZLES

Holly Winters

Christmas Word Search for Adults#1

```
L G G X R G I N G E R A L E Q V T T
A Y I D X E N R V Y P O Z J L C A B
V M N G C Q I N W A V Q J E O M A P
I S G I A K W N Q G D F V U E H T E
T J E T E P K E D N D O M L G C J T
S I R E N C J Y O E H G F B X Y O L
E V B K C K R P Q S E H Q R S A L M
F N R W U J Y R W X O R Q O E I V Y
R F E F F C J O K N X F S V R A L B
E O A E I V N L L Y L A I L R H Y Y
T Z D X S S V J K P U G T R E C R G
N F H Q S T O O B R E T N I W I T X
I Z O Z B W G E J T E X Z H Z N G T
W N U E D S N J Q N Z K D K F W Z H
Q D S V B E K F T D D E M H Z B N D
N N E V P L X W W G K B R Z E B K P
R P C H R I S T M A S C A R O L S V
Z T V C R K E G L P X H P R H Q E L
```

CHRISTMAS CAROLS   REINDEER SLEIGH
GINGER ALE   SNOW SHOVEL
GINGERBREAD HOUSE   WINTER BOOTS
ICY POND   WINTER FESTIVAL

Christmas Word Search for Adults#2

```
A  B  G  J  U  F  Q  U  G  R  J  Z  L  S  S  K  S  B
Z  L  L  O  A  Z  K  C  U  H  J  A  K  T  A  N  L  O
D  H  T  Q  I  B  R  Y  Q  U  B  C  R  T  O  R  F  M
N  F  M  E  W  X  B  B  Q  F  A  O  Z  W  K  S  D  O
D  S  V  D  J  C  H  A  O  R  P  H  D  K  J  F  M  K
Z  N  T  P  G  Y  R  V  T  S  H  R  J  M  G  H  S  P
V  O  R  N  M  T  L  H  R  F  I  D  G  E  R  A  L  R
Q  W  Z  X  L  A  G  E  L  F  U  Z  F  B  S  V  R  Y
J  W  F  N  T  I  T  H  T  H  J  V  U  D  L  L  C  T
J  H  G  C  E  N  S  N  O  W  S  U  I  T  Q  H  A  U
M  I  U  L  I  S  D  X  J  J  K  Z  T  G  O  H  Q  D
R  T  S  W  F  B  O  Z  T  C  F  M  K  C  E  U  L  Y
Y  E  Y  F  E  N  K  A  A  F  K  V  L  O  T  F  V  P
K  C  W  T  L  X  Y  V  W  P  A  C  W  O  N  S  N  C
X  U  E  O  S  D  I  W  G  H  T  X  V  T  N  H  J  V
V  D  N  X  H  K  P  F  D  W  C  R  N  A  H  T  C  Y
U  T  C  H  R  I  S  T  M  A  S  M  O  R  N  I  N  G
S  E  M  A  G  R  E  T  N  I  W  E  E  S  B  Y  X  H
```

CHRISTMAS MORNING   SNOWDRIFT
SLEIGH TRACKS   SNOWSUIT
SNOW CAP   WINTER GAMES
SNOW WHITE   WINTER SPORTS

Christmas Word Search for Adults#3

```
G P U O U D W G L A C I A L R A F Y
A A K M D Y O C C X A B E S Q I Z W
A T A N I Z W Z A W T V I C V E B L
Z N X S O P B J W C I F I T K S I V
Y D A P W I V E U Y C Z X D J K J
J V K C B B T E K N E P B Y D C G L
A J V D I K T A N S U E W H G C K C
I T Z C K I I U C F E C D V S W S B
Z E X N B L B U F A S W B K E I J K
I V Y K M W L Y A S V K P K C D A C
C O H V O P J S X P K R O O Y A S D
E G L N T A N Q N S M I E H H T P M
P F S U C Y K O R O B T R T O J J A
A Z R K T L Y A H V W A Z E N P T S
L E E H G D Q B V Q W B M T S I K K
A T I B K B C N K Y B T I V O O W O
C G I Z B W O T X P V W S R S Z R A
E N Y P I D V Z R C D X L H D P E T
```

GLACIAL
ICE PALACE
ICE SCULPTURE
PUFFY JACKET

SKI RESORT
SNOW BUNNY
SNOWBIRD
WINTER VACATION

4

Christmas Word Search for Adults#4

```
V P X P B A L S O X P Y D P C K V G
P Z P R B S X W Q J S V L A S Q L C
E N O C W O N S O Q P M T N J J L J
Z T Z P B J L I Q Y E M O M X E I C
P J T O T M L D B X W W C R A Y Z P
K Z Y X Y K G U B Z M O H S C A T V
H O W Z T I L O N O D U N W X H F I
Z Z O S S D S P B P M Y S S M T J Q
E I G N B L M I J H X L L P D Y Z M
D S N O W S L E D Q H Y X W J D S Y
U C K W X E E B B K R J G A E R Z A
J X X P H P K O B H A N F O G T B T
X K Z L V X R M I M I S H W I U T W
Z D I O R M D F K I A S E R T I Z U
I A G W L H A Q K H W K N I R E C I
S S U U W X V S F O Y V D X U T L Y
V G T N E M Y I N V X F G C I S V T
J F M T X M B S V W X N D D M O G P
```

ICE RINK   SNOW SLED
SKIING   SNOWMOBILE
SNOW CONE   SNOWSHOE
SNOW PLOW   SNOWY OWL

Christmas Word Search for Adults#5

```
S  D  W  X  L  V  E  W  R  C  Q  C  F  C  C  P  E  K
S  X  Z  A  S  B  S  Q  R  L  E  V  Z  A  E  B  Q  K
E  N  I  X  S  N  O  W  S  C  U  L  P  T  U  R  E  L
S  G  O  V  J  I  O  N  F  S  L  V  S  G  Q  B  R  D
N  B  U  W  V  M  C  W  D  C  D  Q  T  N  V  O  R  F
O  U  V  W  S  U  P  S  B  S  I  O  P  C  E  A  G  B
W  S  C  H  T  H  D  S  A  A  T  Y  I  Z  O  S  V  F
P  K  O  Q  Y  G  O  W  Q  W  L  T  N  B  B  F  W  T
A  V  M  D  O  S  M  V  H  A  C  L  W  O  T  U  B  N
N  J  J  Y  F  L  A  H  E  R  I  O  F  J  K  R  I  E
T  A  F  Q  E  Q  W  Q  A  L  N  W  I  I  R  K  Z  E
S  Z  J  P  Q  J  I  I  I  S  M  K  W  W  G  E  T  U
G  R  G  Z  H  O  L  P  J  Z  L  D  C  C  O  H  Y  Q
G  T  A  V  J  L  V  T  C  S  M  G  Y  O  B  Z  T  W
K  N  L  Q  I  I  J  C  P  K  P  O  V  Z  G  E  V  O
C  I  I  C  E  S  K  A  T  I  N  G  H  M  Z  S  A  N
V  C  T  J  Q  R  R  I  M  Z  X  I  J  X  I  G  D  S
Q  T  S  S  N  B  U  N  P  D  H  H  N  I  K  R  O  Q
```

ARCTIC   SNOW SCULPTURE
ICE SKATING   SNOWBALL FIGHT
SNOW PANTS   SNOWBOARD
SNOW QUEEN   SNOWSHOVEL

Christmas Word Search for Adults#6

```
C N G W T O U I G L O O U S U B M A
I X Z V T S T V Y N R Q T W L O N H
E V Q S G V G N J A E Z Z Y Y I A R
L U S G N M F R F R O Q A G O R O Z
J M G N I U H R W O E B A Z F O W Q
U W Y I G C E J M F R D X G U H C R
J U U K A A J F S T C O I I A A F Y
B I W C R F J K P K Y S R C O R C K
D I J O L H G G R H E Q Y B D I I M
G J R T A P M D Q N Q P P F N D S Q
Q J J S N Y T A A Y W P Y N T F J V
P P K N D D Y C N N T R A D E P C V
U K M I S J Y O A T Y M W Y C T J F
I R R R N D B Q L H O J R H A J B N
K E L A N Q W T Z B Q E J E M I T T
G S G A S H H Y D S V S K W H U R W
I Y C Z V L H X B Q Q B V E L T T I
L A N T E R N H T R A E H V C F B F
```

CANDY CANES   HEARTH
CIDER   IGLOO
CINNAMO   LANTERN
GARLANDS   STOCKINGS

7

Christmas Word Search for Adults#7

```
M V Y X D J D Q A B I W B U R I I S
A Y G H C P S B L C U S O F Q H R V
R O J G Q Y H B E T J G L B S E Q I
S M C C C R L S I Z X A V Y P M T E
H F M R G W K D X R K Y N A P V I G
M I C D I A V V O E S G P E Z O A I
A A Y A T X G H A G T G W Q A Q D S
L K U I T V Y J C N N O O N Y F A N
L V N C M O P B J I R Q B Z J N P J
O G O W E D F U P R I G L O T Z O I
W X O H Q I E P Y L L C H A G G L P
S P S W O S A B U L D H C P N G X M
B T Z P W R I N X E Q L D L A W A V
Q J E A W X A M D B A J R T Q R F N
G H G W B F B U Q U K H M U N Q K E
B V M U R G F W S D L T W O J Q L A
V C A L N N N C N T H R W H C W F Y
N A E G P S U Z T S H E P E M Y X W
```

BELL-RINGER   PARKA
FLAKE   SANTA CLAUS
ICE-SKATING   TOBOGGAN
MARSHMALLOWS   WRAPPING PAPER

Christmas Word Search for Adults#8

```
A Y V B L E S S I N G S N O D K A R
U G L D H J K X J Q V J K H Q E M A
J S I U I D X T N R Y N I A F C L C
P E J V G C B C A T M Q Q A I H O A
F K B A I U X Z Q N F L O C X N V F
C A P O E N B R Y B G J W Q E Y E E
I L T Y B X G R U J F E W C F A T U
L F N T S C Y H R M V U L S J J A Q
M W E Z P J C E I D I Z S S X S P T
Q O R F V E T R D R I E Z F T F J F
S N C P S H P F W M N B G X X M D Q
X S N S G K H N W I P A O V R N U V
V T U U W A E W P J E S Z Q R X P T
X K A Z M W X P H A Z G P E X E D X
B L K J W G A O V L I V E J L V X T
I V Y P C H R Y B E C H I S M G Y X
B T Y Z O Z Q U A T C Q A S M Z Y E
H A N L Z A I A I E U H G A M K C J
```

ANGELS   HAPPINESS
BLESSINGS   LAUGHTER
CHEER   LOVE
GIVING   SNOWFLAKES

Christmas Word Search for Adults#9

```
M  J  U  A  P  C  W  U  L  P  Z  X  M  N  Z  U  P  Q
R  C  A  L  Z  O  H  H  Z  X  E  B  C  I  V  V  J  R
V  V  W  N  E  V  A  E  M  Y  P  Y  O  Y  A  E  U  T
W  D  Z  E  O  R  A  K  R  T  A  D  Z  K  O  T  S  J
W  I  O  W  D  C  A  B  J  I  Q  X  Y  M  X  S  C  J
S  N  N  Z  Z  E  C  P  W  J  S  F  F  J  E  Z  E  Q
N  R  B  T  O  O  F  Z  P  N  C  H  I  N  A  R  Q  J
O  C  S  P  E  B  N  Z  E  A  S  V  R  J  M  Z  U  I
W  L  A  D  L  R  C  H  F  C  E  E  E  E  R  V  Y  K
Y  J  V  Q  U  B  S  S  H  E  H  V  S  R  U  F  S  P
R  P  O  N  H  H  H  B  D  T  V  Z  I  H  I  P  P  Y
E  A  R  U  K  W  R  P  E  Y  B  V  D  T  H  U  G  J
T  Y  K  C  O  Z  T  G  T  A  S  Q  E  H  S  P  O  A
R  N  U  B  J  G  O  U  E  H  U  L  U  D  L  E  E  S
E  C  K  Z  K  T  C  Z  M  O  U  T  G  I  M  G  F  L
A  M  Y  F  R  V  B  O  L  W  I  J  Y  X  H  M  N  V
T  F  U  O  E  Q  H  R  X  B  D  H  H  R  B  F  W  J
P  M  L  J  I  R  B  Z  H  T  Y  M  B  Z  A  J  A  T
```

CHERISH
COZY FIRESIDE
FESTIVE APPAREL
HUG

SAVOR
SNOWY RETREAT
TOGETHERNESS
WINTER'S BEAUTY

Christmas Word Search for Adults#10

```
X Y K H R O T T H N H G F W G T Y K
E P E E P X N P T J A I S N H H S Y
E N W A H S G J O J Z T I G E G N Z
X Y L R B F W I J N S R I P B N O Z
U C E S U G B G I A S L A C T I W S
V V V C S Q A I E L E C H Y K N F K
H T F Q P Z X F L D S D E D M E L R
O C S F C V Y E S D W Y W E E V A V
T H H C V A B A N S X N Q M Y E K C
D H G R D H M A T U I D D F T T E U
R G B I G T L Z E T M O Y L J I P S
S W L I S Y L B H E F E C H V L A C
I O E I W T G O G B H C W T I R T M
H L R O J Q L T T U F L N J B A T G
S H N U A Q O W Q R B C F J A T E H
C S T T S D D U N X P K N K S S R S
T W I N K L I N G C A N D L E S N O
G N Y U L E L O G C R A C K L E S V
```

CHRISTMAS DELIGHT

SNOWY LANDSCAPE

HOLIDAY FEASTS

STARLIT EVENING

SLEIGH BELLS RING

TWINKLING CANDLES

SNOWFLAKE PATTERNS

YULE LOG CRACKLES

Christmas Word Search for Adults#11

```
F  R  K  Q  F  E  W  C  P  U  R  K  G  I  W  C  N  R
U  L  E  S  N  H  I  C  U  E  O  E  D  T  R  X  T  C
U  Q  S  Q  J  Q  C  G  D  F  Q  I  P  W  J  N  W  A
V  B  B  V  L  A  M  N  B  U  J  U  V  V  Y  O  I  R
N  K  F  X  G  S  O  U  M  R  B  M  D  O  F  S  N  O
G  J  B  K  G  W  O  M  B  Q  C  V  G  O  M  W  K  L
F  H  X  L  Y  S  Y  M  Y  M  Z  D  Y  U  I  Q  L  I
H  Y  F  C  D  Y  R  P  N  G  P  Z  Q  L  F  Y  I  N
Q  J  I  P  W  I  N  T  E  R  C  L  O  T  H  I  N  G
V  R  Y  X  A  A  A  H  K  Y  F  K  P  R  X  K  G  S
G  C  H  R  I  S  T  M  A  S  M  A  G  I  C  D  T  O
S  E  I  K  O  O  C  S  A  M  T  S  I  R  H  C  R  N
M  T  E  J  C  M  H  Y  Q  W  E  I  A  W  P  J  E  G
P  J  V  I  D  P  O  V  W  C  O  P  X  F  G  K  E  S
I  G  N  I  R  E  H  T  A  G  E  V  I  T  S  E  F  W
C  Y  O  H  O  T  N  N  L  K  C  Q  P  V  N  P  Z  T
P  T  Q  G  P  L  F  U  T  X  G  B  V  B  Q  T  A  N
I  Q  R  G  N  I  P  P  O  H  S  Y  A  D  I  L  O  H
```

CAROLING SONGS
CHRISTMAS COOKIES
CHRISTMAS MAGIC
FESTIVE GATHERING

HOLIDAY SHOPPING
ICY WONDER
TWINKLING TREE
WINTER CLOTHING

Holly Winters

Christmas Word Search for Adults#14

```
G C W R H K Y F L Z M P G F N T L J
P L M I R S W P I P M L M Y I P T E
Z L I C N C E B E Q T S B R F R I E
Y I T S F T S M J P E H I N O Y P V
D S Y H T M E G A A K P S D X G T S
X J P T M E D R S G S E T O I E R G
M I N O Y H N O T E R I Q S X O P P
K L Q D Z S N I D I U E B T L E X A
V O P E P A D I N N M I E O S H U V
Y S E V L T T P G G G E C D C U K C
B J Y J B E N J R N S E F X N D P M
K P O S L C Y V X L V N T E J I E Y
D Y U U S U H Z K I F Z O C S B E I
D N Y M U R S K T L V Z Z W F T G R
Y U L E L O G S W A R M T H F B C U
V Z B N Z R E U L O G Y K W Q A R L
D K B G W F C B F M J R U F H Z L M
N B H O L L Y A N D I V Y F Q W O L
```

FESTIVE COLORS   SEASONAL JOY
GLISTENING SNOWFALL   WINTERTIME FEST
HOLLY AND IVY   YULE LOG'S WARMTH
REINDEER GAMES   YULETIDE SPIRIT

14

Christmas Word Search for Adults#15

```
S L M S W Y M L H B X Q C B V C N T
E T K H N N L D B R H D H G O M U R
I R E O O O B D N K S P D J G L A S
K S W L F M W U R A I B I C H H D M
O T I I L R E Y Y N T F F F M Y G O
O A N D R A M F W Q E E H R Z Y N T
C E T A C H B D H O B C F K T R J W
D R E Y S N I R E F N T K L E U R F
A T R T A I S K E L F D R H A H Y V
E E H R E G F F Y K I B E L J N W V
R N O A J N J O N Z C I L R W F G N
B A L D G I U P R U U A S S L P O Y
R C I I M L J R P P M L R R R A F Q
E Y D T T O Q W G Y N Y Z C L J N V
G D A I T R G J K Y P R G Q T Y Z D
N N Y O W A C J A X X G K D I U W V
I A F N M C W X Z X C Q W F H W N F
G C A S U S N O W Y R O O F T O P S
```

CANDY CANE TREATS
CAROLING IN HARMONY
GINGERBREAD COOKIES
HOLIDAY TRADITIONS

NUTCRACKER BALLET
SNOWY ROOFTOPS
SNOWY WONDERLAND
WINTER HOLIDAY

Christmas Word Search for Adults#16

```
M Z B L R I S C S Q S E P Z O L W M
F T L S Z U A J E N D E C A U N I X
E C X E R K D N P X N G Q D O A N S
O R S E C A R D E L S V V B I G T U
G S U B X W T T D P U U A H Q D E G
N A T T B Q E S H P P K R I S V R A
J M D H N W D F G I M X Q K K R T R
J U G W G E I I J N P A Y Z C N I P
D X K A B I V X N S I H W P Q Q M L
G U W F X C L D O Z V L Z V L H E U
L I X S B Q S E A D F D K J N M B M
Q C V A U Y V K L Y Z H O N N X E D
S D D B I S E G V C W R G R I J A R
C C S P W R O I P F I O H O G W U E
J W E W R X A J F G F C N D I E T A
Z H T Y H H S H O N D K I S Y T Y M
N S T F A R C S A M T S I R H C Q S
Z S G N I S S E L B E D I T E L U Y
```

CHRISTMAS CRAFTS

ICICLE LIGHTS

SLED RACES

SNOWY ADVENTURE

SUGARPLUM DREAMS

TWINKLING STARS

WINTERTIME BEAUTY

YULETIDE BLESSINGS

Christmas Word Search for Adults#17

```
V Y S A N T A S H E L P E R S S F L
C H R I S T M A S S O C K S P T K A
W S O N T L T M J O G P E U V H J X
A I U L O D E Y L P A Q D C H G O S
L W N R L N F L U B O T Q S S I F F
C Z R T O Y E A T V J U D K T L J O
W W A F E H B E N C L X H H G Y J X
O S V I T R C E Q T Z T G U Y A B P
L T J D J X M L R L V I P D X D E E
G E L Y D H C A L R L A V I B I C L
S Q J J O Z J H G E I L Q O B L Y R
G K H G E N T U D I B E F B K O X Z
O R Z P J D N Y D R C E S P N H N D
L S H A C R T D B M U Z L L U L F J
E W F M W S A Q L N C I U G F L N B
L Q H K O E E R V P D K I P N W T W
U K C R X G E K R A D H O S T I X A
Y B F L Z S T F W O L H S V U Y J K
```

CHRISTMAS SOCKS
FROSTY DELIGHT
HOLIDAY LIGHTS
HOLLY BERRIES

JINGLE BELL CHORUS
SANTA'S HELPERS
WINTER MAGIC
YULE LOG'S GLOW

Christmas Word Search for Adults#18

```
E G C Y P A Y T T X R C A N I F E M
C S I W L V U K V F B N R Z E V H I
A N G Y M J N V Z O Z N A S T D B Q
R O A H G H O V W B K R T A Q G D M
O W M O R B K B J A D I J N V Y Y H
L Y E L Q J J K D M V C E U W R P T
I E D I P P L V L E S I I A W G D R
N S I D S E P A C S D N A L Y C I A
G C T A F M U A U M H B R L P C F E
I A E Y A J R X I N N L K Q Y Y K H
N P L W N O D W Q K N T V Z B E G
T A U I L S B R K Z F H R A S J Z N
H D Y S T W T X J T E S O W M K B I
E E T H R Z G N X O W T L Q F H K W
S S T E W S V K E D T J Z W A W G O
N O Y S W X G X X Y I P O D C G H L
O G S D N A L R A G R E V L I S C G
W F M E A C J X L U A L X Z W Y L P
```

CAROLING IN THE SNOW

FESTIVE CAROLS

GLOWING HEARTH

HOLIDAY WISHES

ICY LANDSCAPES

SILVER GARLANDS

SNOWY ESCAPADES

YULETIDE MAGIC

Christmas Word Search for Adults#19

```
I  J  O  L  L  Y  C  E  L  E  B  R  A  T  I  O  N  S
S  B  F  E  O  T  S  V  K  Y  V  O  H  X  Y  A  E  O
I  N  R  F  O  U  S  E  Z  U  A  Z  J  T  L  L  C  I
Z  Q  O  Y  E  C  R  U  E  V  E  I  R  E  W  W  P  Z
L  E  S  W  I  Z  E  C  Y  H  W  D  D  P  P  N  Z  V
A  M  T  X  Y  R  D  D  Y  H  W  L  C  F  K  Z  B  Q
I  X  Y  D  P  F  N  V  W  S  V  X  S  M  Q  B  V  W
Q  L  W  B  G  L  O  W  I  N  G  C  A  N  D  L  E  S
X  O  I  G  I  K  W  O  A  X  B  H  M  Q  T  Y  M  M
H  I  N  R  O  K  L  A  T  H  O  X  Y  R  A  Q  Z  C
P  U  D  L  B  Y  A  B  V  P  V  Y  N  G  K  L  O  E
A  Y  O  H  G  F  N  G  C  A  R  E  Q  F  C  O  O  R
W  S  W  H  D  C  O  N  R  Z  J  I  J  R  Q  H  E  N
Q  Y  S  T  H  G  S  K  T  G  L  A  N  I  K  B  V  R
K  Z  F  I  Q  M  A  E  U  B  I  F  A  T  C  Z  T  H
S  O  N  P  V  L  E  A  S  Z  M  E  L  I  S  X  U  Q
I  X  T  U  P  R  S  O  X  R  R  N  R  T  S  K  J  P
E  D  I  R  H  G  I  E  L  S  R  E  E  D  N  I  E  R
```

FROSTY WINDOWS
GLOWING CANDLES
JOLLY CELEBRATIONS
REINDEER SLEIGH RIDE

SEASONAL WONDERS
SNOWY FOOTPRINTS

Christmas Word Search for Adults#20

```
I F I K I X B L O D T Y D J G H T M
B Z L R F Q L A L Q I U T D N O T L
I I P V S H M K A W Y L Y O I W Y R
M K H Z J I P G H I E E J O G Q J G
I C O H B L A I K N V T H X N T T R
S N O Q J M T Q T T Y I S I I M S E
T D M Z F O L H N E M M Y M R P C E
L V B U Y H V K T R E E A L S N Q T
E V Z R V G Q I W W B T P M L R B I
T S T N E M A N R O Y A D I L O H N
O R H M E S E T S N X L D P E H X G
E Z S B A E A T H D Z E M L B M F C
K G P F K A L Q G E U S V M R Y H A
I X Q A J C L M Y R R A S O E E D R
S I X L L K S F F M S I M G V S K D
S E B U E L R Q V E X S N S L N S S
E G U M O F B W M N P R Y G I F G B
S I K O N K V A B T K P U A S T V J
```

COZY GATHERINGS
GREETING CARDS
HOLIDAY ORNAMENTS
MISTLETOE KISSES

SILVER BELLS RINGING
WINTER WONDERMENT
YULETIME TALES

Christmas Word Search for Adults#21

```
S S F G Z W G T O P S O F C G T A T
Z E L H T H B O P V W S A P Q V V W
F I K L X A S N E T T I M M R A W I
G C X A I S I L V E R T I N S E L N
D X U Y L H D K O N K K H F W N H K
Z L C V I F D B D I P H A F E F E L
R I B I N M W E F P X O L T Q B O I
H L I B Y B Q O R Y L T E B V R S N
L S B O O S F E N E F U O Y C W Z G
D S F K M P V J Q S V I E A L X D S
A M R P A S P K D Z Y O N O Z C C T
B E D H D Y J B L W E T C S F S X A
S W O D A E M Y W O N S S W J B Q R
X S P Z A N E O H T B H J O O E D L
C E V L N R U W V H R Z K Y R N E I
U P H S H V N Q U F M N G Z J F S G
Q A D Y K I C O Y N C N T V V C O H
K T A S T Y G I N G E R B R E A D T
```

FROSTY SNOWFLAKES   TASTY GINGERBREAD
SILVER TINSEL   TWINKLING STARLIGHT
SNOW-COVERED HILLS   WARM MITTENS
SNOWY MEADOWS

Christmas Word Search for Adults#22

```
F C R B B J N J M N V A X P P D Y L
G O T E T H C L C J U Q E K L S R Q
L Z P Y N H Z C H P U M A W S Y N H
I Y O O C N H A T R Q Z D G U X R N
S H O B I B I N W Y W Q N L I A M J
T E P F E N F D W U B R E J W Z S Y
E A K L H V S L S L D T W S Z M H N
N R V C O A T E B A I C X C S N L P
I T O B Y Y J L T D M G T Q E E N E
N H U C X U E I E T D T U N K K W G
G T V T Y U R T X O I Y S K O Q N F
I N R T D S A W L U V A M I L X N K
C H M A M L H I R T L H B P R D Z J
I V T R E L G N O O V D M L K H M W
C H P S U G K D M D N N I U O K C F
L R X O J H G O T Y X D X K D O S S
E S H T A E R W E V I T S E F V M U
S X V B X Y D S L M A Q M N L A A S
```

CANDLELIT WINDOWS   GLISTENING ICICLES
CHRISTMAS DINNER   POINSETTIA BLOOMS
COZY HEARTH   . YULETIDE TALES
FESTIVE WREATHS

Christmas Word Search for Adults#23

```
F W I S L R H O L I D A Y J O Y O S
I T Z X N S E T I T D M X Z P L S Q
M W G A C O E T F I F W B E K H R S
Z I Y Z T C W A H T S K V D M V C B
G N D Y U H R Y S G W V T D Y V I S
S K N G D R M U L O U D X N U X R U
B L Y Z F I O B S A N A M Y S F Z U
E I A D C S H V N B N A L H M V X P
E N R S A T W X O P E D L Y G A P C
N G A M X M J V W S J N S S L Z R X
Z L U Y H A N T Y S M X H C O L Z U
P I X R P S X Y F P V H Z X A N O O
F G R E D M G Z O R J G W G T P G J
Q H Y E M A U V R A M B R E O S E S
X T X M B R A D E T F M L T D H L S
Q S X V W K O G S Z E V X R Z S U D
Y U H I X E E N T J Z U A P F W V I
N V I J R T R O A R I N G F I R E S
```

CHRISTMAS MARKET   SEASONAL SONGS
HOLIDAY JOY   SNOWY FOREST
JOLLY LAUGHTER   SNOWY LANDSCAPES
ROARING FIRES   TWINKLING LIGHTS

Christmas Word Search for Adults#24

```
C S N O W Y M O U N T A I N N S W F
H J E Q Q G A O O I G U W B I R W M
R I P P T I N S E L G A R L A N D J
I L V X A W O V A J J R M D A I C C
S L H H R C I A I T F U A U Z K L U
T P Q U C K S C K Z K R N F J M G X
M N T N V R V T M L F R M H K L Y O
A B Z I H V P Y H L Z M I G O T W H
S F R H V C W E Z G K D P W C R P D
T Y E H M C Y I H F I W I L H L M K
R S U N J O L S K E B N F X T C F M
E E A F F B Q Y X F G D Y E Y O I B
E E T N Y E G S A E P Z L R U O L Q
F H I T S V N E M A N Q L W R N K S
A H S M G V K B J I B M J P B A M G
R Y R K Y X E V G L B S N V A S T C
M Q O R S R P A Y K N K Q D L D D S
V B C R S S M E T E S V O D U B Z E
```

CHRISTMAS TREE FARM   STARRY NIGHTSCAPE
GLOWING EMBERS   TINSEL GARLAND
SNOWY MOUNTAIN

Christmas Word Search for Adults#25

```
H Q V T C E C D L T P E T V B H L O
N Z U E A B V P I H T C J P E U K X
S R H E N S U E B C T I I X H W R H
Z R L V D R M C R C E P W Z O Z C N
T P W F Y M U M C G B S F L T H Z V
F P O F C B I C A P R G G T B V X D
J O G U A F W O J G Q E C G S J H I
V R F W N B E U W G V M E X E O A R
A A C Y E U S S X I E T V N T D K F
I S F C D G T K T E U U P C T O N K
Z E Y D E M F S A I S N O C Y R B N
C M R M L G E V O Q V C F G C G E N
H Y Q S I F T S I X O E I C A O Q E
L Y K W G P J Y C A J V T X M K P W
O K Y I H Z J O M P V I R U W T P Q
H I R N T A K U K K M D M D N T D R
D K R A K O G G S V R S B D U E D J
X B R M E R R Y C A R O L E R S S L
```

CANDY CANE DELIGHT   HOT COCOA MUG
EVERGREEN TREE   MERRY CAROLERS
FESTIVE GLOW   NUTMEG SPICE
FESTIVE TUNES

Christmas Word Search for Adults#26

```
R E L I B A F T E L W H T A N E D Y
D P S Z D W Y Q A G H C Y J M N Y R
S A N T A S W O R K S H O P Q M U L
V E O N H S F D O T U S L N N U L E
Z O U J V G D R N U X Z D F M K E V
Z X N O M Z I O Q T Z O G Q G Y T E
D W P Y X Z I L O L Q V A X U I I R
H D D F M I C R E W U K V P K J D Y
O Z D U K V O G D D Y V L T F U E A
U V G L E M P I A H L W K G E S M D
W G Y M P S N M T M R A O Y L N E I
S K C E D D U A I W J P N N Z I R L
L C D L Q A L Q L D G L Y O S W R O
X N P O M W J V O R F Q V R S D I H
Z Y J D H N H R H I P Z O O I A M T
C H R I S T M A S U R P R I S E S
B Y D E W C R J L S D Y H H U Q N S
B U W S N O W Y W O N D E R Q O T L
```

CHRISTMAS SURPRISES   SEASONAL DELIGHTS
HOLIDAY REVELRY   SNOWY WONDER
JOYFUL MELODIES   SNOWY WOODS
SANTA'S WORKSHOP   YULETIDE MERRIMENT

Christmas Word Search for Adults#27

```
I U Q P C K I D D C X L F V E Y F C
C Q T S R T M Q P V F O R T U X H F
Y O V I K U R R M A Q W I L E R T R
W P M Y W O P V V E P U E H I Z E W
O F R I O M U C M X S T C S H E I I
N G D M J T B P K R I H T S H R C N
D H G F F L U S E D O M V C P A N T
E U W D V O Z K E L A X L I W B J E
R C A N B L C C L S U L A C G V M R
L G G W X A A Y S N E R W I P U M M
A T G Z R R W T U B K A H C P T A E
N C D C O R O V E R H Z Y L X M C L
D P T L E C G L W K F Q H E L V Z O
X U E A K B G L C Q A R X D D R Q D
N R T I H N A D Y P J H J E N D Q I
S H N D I X G Z W P D S E C P Z D E
W G W J M W Z Y L M O U B O O J T S
S X M B B O R Y N T U Y R R J H O R
```

CHRISTMAS STOCKINGS JINGLE BELL CHEER
HOLLY WREATH NUTCRACKER SUITE
ICICLE DECOR WINTER MELODIES
ICY WONDERLAND YULETIDE CAROLERS

Christmas Word Search for Adults#28

```
T  S  L  U  E  D  L  P  A  S  H  S  G  W  M  X  V  Q
K  U  L  J  U  F  R  Z  S  G  Y  N  H  E  H  T  J  E
T  T  Z  O  S  M  Q  Y  X  N  Y  Z  C  G  P  Q  Y  C
W  M  C  C  S  B  Q  T  K  I  X  X  C  Q  B  X  T  W
O  S  G  N  O  S  E  D  I  R  H  G  I  E  L  S  D  O
S  N  O  W  C  O  V  E  R  E  D  R  O  O  F  S  Q  Z
Z  V  S  H  C  I  Q  L  X  H  L  X  A  Q  Q  A  L  W
Q  O  M  B  R  O  L  N  L  T  U  I  J  A  W  C  V  E
E  N  C  H  R  I  S  T  M  A  S  P  A  R  A  D  E  D
Y  Q  W  G  Y  E  V  A  Y  G  X  F  F  B  D  H  E  P
A  Y  U  L  E  L  O  G  C  E  R  E  M  O  N  Y  T  B
E  K  L  N  A  Y  B  J  L  V  O  Q  N  K  N  K  V  Z
M  U  S  S  S  D  O  L  H  I  F  H  L  V  L  A  K  O
S  V  S  G  N  I  R  E  H  T  A  G  L  U  F  Y  O  J
Z  X  C  H  V  N  J  N  E  S  E  I  Z  W  I  R  T  L
R  S  L  L  E  B  H  G  I  E  L  S  S  A  T  N  A  S
D  E  U  Q  B  J  G  O  L  F  I  F  P  J  R  L  F  J
C  A  R  O  L  I  N  G  T  R  A  D  I  T  I  O  N  S
```

CAROLING TRADITIONS
CHRISTMAS PARADE
FESTIVE GATHERINGS
JOYFUL GATHERINGS

SANTA'S SLEIGH BELLS
SLEIGH RIDE SONGS
SNOW-COVERED ROOFS
YULE LOG CEREMONY

Christmas Word Search for Adults#29

```
V B P C P W A T R E M Q P Y A V K A
S Y U O Y R Q Q A T O N W O C C V U
D T H Z F V G Q V D Y X A M G Z U G
N F U Y J H H L Q G E I Y C U Z B N
B X A B X L Q V W A H L W E T F P N
M H O L I D A Y W R E A T H S M Q E
L Q Q A Y C E T X E C V P B X R T M
Z X D N M L B U W F X M J P G T T S
X T I K K V U P M W F I F H K E M Z
N S X E I O R E M F U U T V C A K Y
V G J T C X Q F Y K J R Y X L D V O
I H W S I N W P V A X T Z V L B N I
Q C H R I S T M A S C A R O L E R S
X O H I I Z X A A W B W G K D K I B
S N O I T A R B E L E C Y L I M A F
F L M A J J R L L F D B V J K P T K
P S E C A L P E R I F G N I R A O R
V K W B A W W L X F X A E E S E T A
```

CHRISTMAS CAROLERS   HOLIDAY WREATHS
COZY BLANKETS   ROARING FIREPLACE
FAMILY CELEBRATIONS

Christmas Word Search for Adults#30

```
C G T I N S E L A N D B A U B L E S
H O L I D A Y G A T H E R I N G S S
R W H R F N T W E U Y D I Y A T R R
I N G Y H U O A O V M V S X N J F C
S K J Q Z Z C C F J E J X E J E R S
T E U H T F S P K L D A M T L G G S
M Y I C J I E G Z D G A D G I N Z X
A M F V X Y P S J C N U X E O Q M U
S K X F O J A C T R U V E S O I Y A
B I L Y T M L S O I Z P E D S I S B
L I K J G L Y E T N V D Q E P S Z Y
E E M C A B V A X M I E S E W O A D
S I L E O I O W D T B U T Z I Q P S
S L T C T B X S E I C J Y R K G E W
I J H S R Q L O H L A I C E Z D T
N T E X P W U L U B D O E R J A B R
G F M Z I Y T B H C T G H Z K V T B
S E J M Z O E K Y J K B A Z Q K V S
```

CHRISTMAS BLESSINGS   HOLIDAY MOVIES
FESTIVE ORNAMENTS   TINSEL AND BAUBLES
FESTIVE TREATS   YULETIDE SONGS
HOLIDAY GATHERINGS

Christmas Word Search for Adults#31

```
W M C C I N N A M O N S C E N T M T
Q E P Q M E X R E J V X K V W A D H
S R C F J Z W P M B F M F E X E Q C
M E Q I O S P D U X F G M P F A U I
C H E S Y P T I T Z O U C O X H M T
T P N C F C Q A F F J O O C U U Z U
N S Q O U V A I R H E U K U Q N U E
I O M Z L K E N Z R Y V L O O W Z B
R M W Y L U A P D H Y D R O E M C Z
B T D S A E Q P Z Y T N T Z J G I V
K A V W U U I W P E C S I T X B Y W
O E M E G T G B H I E A J G N M F H
F V X A H H Y Y K F P N N H H F P F
Q I S T T L Q X D Y V Z A E K T N J
B T I E E G E E J A H D N Q L B S N
O S T R R M U X V K V M U F M A O V
L E Y S R P F R M R L H J E K R N S
C F E C A R B M E S R E T N I W Y E
```

CANDY CANE LANE
CINNAMON SCENT
COZY SWEATERS
FESTIVE ATMOSPHERE

FESTOON
JOYFUL LAUGHTER
STARRY NIGHTS
WINTER'S EMBRACE

Christmas Word Search for Adults#32

```
U J H N X W L U W Y E R H D R O L O
E O M P O U V K I C M Q Q O O P D E
O L C A R O L I N G G R O U P V T V
B L O B I S B W T O P G V K D E H E
S Y X H O L I D A Y C O O K I E S R
T O U H C Y P Z I H I D Q E Z D U G
N L N I P H R P Q R Q V Z B W A Y R
E D N A T I V I T Y P L A Y F I P E
M S I B S Q Q P Q X O P A Q E Q A E
A A K H T X K C H U X X A P I I L N
N I N S E M Z K P O F V H U N D Z W
R N K R M Q O I I U X C E Y A U G R
O T L W X L R I M X A R V C J H O E
R N Y F I C F S X W A I J E Y Z C A
A I N A M D A E R B R E G N I G A T
T C O N U C S H J I S S D Q X U W H
S K T L V B J A J D G X S W K S O D
C A N D Y C A N E S T R I P E S I V
```

CANDY CANE STRIPES   HOLIDAY COOKIES
CAROLING GROUP   JOLLY OLD SAINT NICK
EVERGREEN WREATH   NATIVITY PLAY
GINGERBREAD MAN   STAR ORNAMENTS

Christmas Word Search for Adults#33

```
S  W  I  N  T  E  R  T  I  M  E  B  L  I  S  S  E  T
U  X  B  M  J  V  E  N  Z  Y  U  E  M  F  R  O  N  Y
G  W  H  P  E  U  D  M  Y  M  Y  L  Y  O  T  E  U  K
A  D  E  W  O  D  K  K  P  F  U  D  E  E  M  L  H  M
R  J  T  E  F  R  T  F  F  M  X  P  L  I  E  F  F  H
P  G  F  J  L  I  C  S  I  U  G  T  R  L  H  R  D  X
L  V  Y  N  K  O  D  J  G  G  S  R  O  E  O  C  I  P
U  M  K  O  B  X  J  M  O  I  E  G  C  S  M  L  Z  I
M  O  I  O  I  L  V  X  M  M  C  K  T  E  I  F  L  B
F  Q  M  N  Q  N  H  D  L  R  A  Y  J  A  Q  R  U  R
A  M  C  X  F  N  N  A  A  O  S  U  K  S  S  V  I  I
I  D  Q  K  E  A  N  C  Y  N  R  C  O  O  N  Y  P  P
R  G  A  F  Y  O  K  Y  O  Q  E  X  P  N  P  H  L  A
Y  Q  S  L  S  L  G  W  K  U  B  Y  B  O  O  C  Q  B
C  Q  L  A  I  O  M  H  A  P  S  C  R  F  F  J  W  Z
Y  O  E  N  C  A  U  F  P  Q  D  S  A  J  J  X  C  C
H  S  G  Q  N  L  H  F  C  G  H  V  S  O  C  O  A  R
F  Z  J  E  V  Q  H  M  J  B  O  F  K  Y  I  K  Q  L
```

FROSTY SNOWMAN
HOLLY AND MISTLETOE
SEASON OF JOY
SEASONAL MERRIMENT

SUGARPLUM FAIRY
WINTERTIME BLISS
YULE LOG CRACKLING

Christmas Word Search for Adults#34

```
S A U C D Z O G Z D L Z Y K X F N S
N P X B O O Y Q K Y J G H O L P B P
O W S H N Z D M Y I N N L W I H L A
I X A N Y F Y V M J F O U M U X B R
T T C R O K D M Q C F F U T T U V K
A N N K M W S M I C R U W N Q T W L
R N Q B R F C T O T U G N I S L N I
O R E W Y Y I O I K T G O T B Y W N
C J F T Z V U R V L M E A H K B A G
E M G S K S Q B E E R E N J A J S O
D G B Y G K Z A U P R A T S S C W R
E L V R H U H P M T L E T E K M X N
V X D S X U E B Y Z N A D S Q D O A
I R N H E Q I T P A F R C T Y Q C M
T J W Y R R S Y E C K Z Y E R J V E
S G D H N A X R L R C A Y C V E M N
E F M B T C V P G U H G Z Q A J E T
F P O I N S E T T I A P E T A L S S
```

COZY MITTENS
FESTIVE DECORATIONS
POINSETTIA PETALS
SNOW-COVERED TREES

SPARKLING ORNAMENTS
STARLIT SKY
TASTY TREATS
WARM FIREPLACE

Christmas Word Search for Adults#35

```
V I R T S A W O F A T F T Z R M K E
Y P Z S N Y Z S P R O X P E D V M E
A K D T O B L B V B B D F R B Q K Y
Q D G O W H V R W L G V U L V X S Y
C L H G C C E E T Z R F G C W V E U
X Z R B O G X S X M D M N M I M A L
V E X U V K G L A C C X H M U K S E
I I R F E B D H A Z M N G U X I O L
S G N I R E H T A G Y L I M A F N O
N F I R E P L A C E W A R M T H A G
O P Q N D X Q U Z V B K U V A J L B
Q A O N S G U F Q O A M D F T N C U
S H S W T Z D E P Q S C K Q G G H R
U L P P R C Q C X N P M Q C M E E N
A T V R E F O L Q N D V U Q X T E I
W Z C W E Y T Z T W G E L U Z Y R N
S X J K T G P X Q L N O B H L H T G
J R V H S Y H E P R U N X W E G L S
```

FAMILY GATHERINGS SNOW-COVERED STREETS
FIREPLACE WARMTH   YULE LOG BURNING
SEASONAL CHEER

Christmas Word Search for Adults#36

```
G N I W O L G S E L D N A C E L U Y
W J A G N I K A B Y A D I L O H T N
E B V P H S M J Q X I C L K Q E I O
K X U W K O P I X Y I J A N Y H R I
K N J D U H L T H K K O I M V G I T
B Q V U E D A L V U N Y S E Q L P I
G C J S J V J B Y H T V V O P D S D
V K G B J I X T Y B P D J V A B E A
N U B Z R T O Y C O E O N W P E V R
B L V G O F T K E W J R N K C K I T
Z E P H P K U W O G N R R O D E T G
P G F V I S Y T R T R H E Y D S S N
J M Y O Z V B R S C R E H T R P E I
C N H F Q H N A D Z Z Z Y L N E F L
R S S W L N D U N Q C R S B M I D O
O E U H W E U J M X P I C D V R W R
R Y Z M V J C I A N Q D N H T I A A
S T A H D N A S E V R A C S Y Z O C
```

CAROLING TRADITION
COZY SCARVES AND HATS
FESTIVE SPIRIT
HOLIDAY BAKING

HOLLY BERRY RED
WINTER JOY
YULE CANDLES GLOWING

Christmas Word Search Large Print: A Festive Puzzle Book with Easy Christmas word searc...

Christmas Word Search for Adults#37

```
B S R A P J A D S B D D C H V Z S K
T A G E T Q C B Y L Y W H B C G M O
Q B W L I Y Z H H N X D F X N R S O
P P S F D N T U S Y O D C I A K K N
W T B J Y S D B V O H O T H M H F F
S U S E Y W O E F F Z E C H F P E J
P Y D C X S V E E F E S B G Y S U X
H B R K U V V P O R R G G T T I U E
P K S Z U I J Y G E A L K I I S Q H
T L Z V T H U S T Q F N V H Q P N R
N E T S L C N N X R V E T P P X L Z
Y W E Y O O I E P P M R L L N D Y L
N F Y Q S W V K X U P G Z Y E F Y Q
E J P A D R X W S A Q A I L E R Z F
D J E Y A T N I A D G H D P X D S J
P S J W C U C D B U N M V Y K A Y C
F A M I L Y T O G E T H E R N E S S
B H A N N X I Q D E A G P Y S A H B
```

FAMILY TOGETHERNESS
FESTIVE FOOD
FESTIVE MUSIC
REINDEER ANTLERS

SEASON'S GREETINGS
WINTER'S CHARM

37

Christmas Word Search for Adults#38

```
N  Y  Q  K  B  B  T  M  V  Q  E  J  Z  F  J  Y  K  L
J  O  N  U  T  E  P  U  B  I  P  H  R  C  W  A  W  H
R  B  C  D  I  L  R  J  Y  I  B  D  L  N  Y  E  F  O
R  K  V  U  A  E  Y  I  N  G  D  Y  O  T  X  G  J  G
V  P  Y  M  Z  H  G  Y  T  C  U  S  X  X  W  A  X  X
N  B  F  K  W  I  F  C  L  T  L  O  B  L  F  B  P  I
N  U  F  Y  W  O  N  S  K  C  A  I  S  I  V  U  W  J
R  Y  E  I  T  J  C  D  D  P  V  E  O  Q  M  H  F  U
Z  O  Z  P  E  A  O  P  H  L  I  W  V  A  H  K  V  A
Q  H  X  Q  D  Y  Z  Y  X  Y  R  M  Q  I  P  O  C  S
C  N  L  O  T  Y  Z  W  D  R  R  P  R  T  T  A  T
P  I  O  C  B  Q  N  O  C  D  A  J  H  S  X  S  D  E
U  B  Z  H  A  I  I  E  A  I  S  O  W  U  E  M  E  M
X  P  S  T  F  L  G  H  Q  O  A  U  A  O  T  H  X  F
E  M  O  G  C  C  H  C  B  Y  T  G  U  D  Y  E  E  P
M  V  L  U  Y  F  T  G  Z  H  N  I  A  G  R  C  F  P
U  C  N  V  U  U  S  B  Q  Z  A  X  P  R  Z  P  Z  E
W  Y  I  R  V  J  A  Q  R  I  S  O  Q  N  Y  H  A  Y
```

COZY NIGHTS   SNOWY FUN
FESTIVE ATTIRE
SANTA'S ARRIVAL

Christmas Word Search for Adults#39

```
Z  S  C  V  V  X  R  W  H  H  V  C  B  T  V  R  M  F
D  N  I  R  U  C  K  E  A  F  D  D  H  X  O  P  I  B
R  O  B  C  G  K  D  U  V  K  W  J  O  C  C  L  S  Y
B  I  X  Q  Y  N  I  M  N  L  L  S  E  V  I  F  T  R
S  T  S  A  L  B  U  Z  Y  I  V  D  N  C  D  X  L  Y
X  I  A  B  R  N  R  U  J  Q  L  E  P  E  Z  C  E  U
O  D  N  A  P  B  K  A  W  A  R  R  R  T  P  P  T  N
M  A  T  U  N  Z  D  I  N  C  Z  E  K  A  O  J  O  N
K  R  A  V  Y  S  Y  O  M  C  V  L  G  O  N  U  E  V
J  T  S  W  A  A  S  B  L  O  H  B  C  I  G  C  R  H
A  E  R  Q  Q  A  Y  F  C  G  R  E  K  F  K  A  O  F
R  D  E  K  E  P  X  T  S  J  N  H  S  P  Q  Y  M  L
R  I  I  S  R  W  S  F  Y  H  E  K  N  B  Q  R  A  X
F  T  N  U  L  O  L  X  F  R  O  L  N  W  C  E  N  L
G  E  D  E  R  J  G  B  V  M  H  N  N  H  D  K  C  J
E  L  E  F  K  Y  O  W  A  I  I  J  P  F  R  J  E  B
W  U  E  H  P  C  A  R  O  L  I  N  G  B  E  L  L  S
A  Y  R  C  A  N  D  L  E  L  I  T  D  I  N  N  E  R
```

CANDLELIT DINNER
CAROLING BELLS
FROST-COVERED
ICY BRANCHES

MISTLETOE ROMANCE
SANTA'S REINDEER
SEASONAL DECOR
YULETIDE TRADITIONS

Christmas Word Search for Adults#40

```
N P H C A N D L E L I T C A R O L S
V J Q P I J I C W K Z G Q I F V F E
Y U L E B L E S S I N G S C W Z L K
K S R L E V W J Q B B W D Y H G I M
Y K F F T H Z J Q F E V L W N X E V
V H I A U X R M V X M T L I E E B M
S J P S B C P U P K H Z J N H U J S
P W K M M J Z C L G N S C D V T K G
C E F Q V U S P I A L F V O O E B L
I X L H G C K N W L F O T W B O M L
A U T Z T V T D E O T K N P W B W L
I J Z G C I A B Q X U R G A D L B W
X L Z V L U H L U D D N J N W A X E
A W A R M G I N G E R B R E A D A P
S S A A I V G O O M Y E Y J I O R A
U T A E Z T H T X F F Q Z G T E L D
S S L P Z O B F B V D E I L E C E L
R S Y R E N E C S L L A F W O N S R
```

CANDLELIT CAROLS

ICY WINDOWPANE

SLEIGH BELLS JINGLE

SNOWFALL SCENERY

STARLIT NIGHT

WARM GINGERBREAD

YULE BLESSINGS

Christmas Word Search for Adults#41

```
J H X C T J G G R D J B N N R H G S
A H N E W E K H Q Q J H Q H J R N I
W S U C I N N A M O N S P I C E I L
N I T A J Z U C P B W J J N I G N E
H M N W G I C I N S L Q J D F K R N
A B R T V V N D Z G B G K E H W O T
A L H A E V G G B U D L S K E F M N
O I D H O R G S L S T T N F W L Y I
C G L P O I S M Q E I W D T C P T G
O R N Y I B Y C I V B G I N N U S H
C P M N V Y K J E I U E W G C P O T
G K O R I N S J B N I S L Q V O R S
N X L V A B O H K N E N X L Y G F K
I O N R B Y M J B Y S R G J R B D Y
M L E S L T W D F S E I Y K X I M L
R V K T U S G U C N Z S C W S B N D
A U N J F C N Q D B J W C K Q T F G
W Z E M X C P R J S H N A S T D Q I
```

CINNAMON SPICE
FESTIVE JOY
FROSTY MORNING
JINGLE BELL RING

SILENT NIGHT SKY
WARMING COCOA
WINTER SCENERY

Christmas Word Search for Adults#42

```
A Y F A M I L Y T R A D I T I O N S
X B S E A S O N O F G I V I N G G U
T G E S Z Y E M P H J Z Q T U V Z O
S I I C V M H R L B G X X K E J U O
T U R E A C G F I X B X H V C P E G
A U V I Y L C G L F G C E I D G U L
R K R N P P P S H T G R Y G Y O X I
R L F T C S Q E O G G O R V Y Z O S
Y J H D H Z S U R R L K L G T Y D T
E M W B Y C C A E I P Y H E S R O E
V I N Z F V H E M F F D L W L B M N
E Y P A G S N K F T W Y H C U U S I
N V G J Q B M V J S S Q Z H Q T Y N
I X X P E X O T Y I T I H O G N X G
N H Q A E R J R F A B G R X C O P I
G R U M J L C W G W T I W H S L R C
O T P U P S X L E C B O H C C Z G E
Y V G H B E F P Z J O D P Y Y G U G
```

CHRISTMAS SPIRIT
COZY FIREPLACE
EVERGREEN BEAUTY
FAMILY TRADITIONS

GLISTENING ICE
SEASON OF GIVING
STARRY EVENING
YULE LOG FIRE

Christmas Word Search for Adults#43

```
Y U L E T I M E S P I R I T M U S C
Y J V I V X R K V P Z E G Y Q P T N
R U M W U J B U C M E R F O X I A I
C L E Y E S E N A A W J N J R D
X P N C J L B K N W D R J S G K R I
W S E M K E D C D U L C E A C G Y H
T E U E M I R D L X E L H M Y Z N A
G V I R E G K X E G S R X T J W I U
A R C R S H W Y L H O Z K S Q G G D
F A H Y Z R P Z I P X D V I T D H Z
T C W M P I D M T L M P A R W X T K
C S R E H D M T W N V H T H N N S R
K Y R L B E H P A N K N D C L K K O
N Z E O R B D X R J H C X C S X Y D
H O K D J L S P M Y I V L Y U O T V
U C S I B I T O T R J J B W H R B H
M J W E N S T O H Y C M A I R Z U M
S X H S H S Z B C H V H J B H F H W
```

CANDLELIT WARMTH
CHRISTMAS JOY
COZY SCARVES
MERRY MELODIES

SLEIGH RIDE BLISS
STARRY NIGHT SKY
TINSEL SHIMMER
YULETIME SPIRIT

Christmas Word Search for Adults#44

```
H B Z Y C N R H H X Y P I H X N V S
O I H U F A A I G G W M V G W F T Y
T R R L S M R U K N R J G A X H S R
C A E E W W N O H L Q N B N G E P E
O L D T I O J R L Y N G I I G P S E
C S N I B N E B Q I B U L P Z F O I
O T O D N S F R B R N G S Y T B R S
A S W E W Y Z A T L N G B J Z R Q R
S L Y C X L W V H I S M V I H C G W
I F A A X L X X R H L J M O H E Y P
P J D R M O Y E Y Q W J D F I O C D
Z M I O C J M P D Y O B A X D C A E
Q D L L J M V O T D Y V J S Q J E W
I U O S I B P E O J W T A H J S T S
Y K H L F Q O O H J O X O E M I B Q
S O G B I S W S D S N J R C Y Q I Z
C C X W P D G J S F S G Y N S T A Q
E L G N I J E V I T S E F O Q E D T
```

CAROLING VOICES   HOT COCOA SIP
FESTIVE JINGLE   JOLLY SNOWMAN
GLIMMERING LIGHTS   SNOWY OWLS
HOLIDAY WONDER   YULETIDE CAROLS

Christmas Word Search for Adults#45

```
K C H Q M W T B O W S J U R K Q F E
B R K O I B P I O W N R E H I R T S
D E I Q H I X O E R L V J S R Q R G
X U Z W L P X Q M C O Q T E G P E S
Z D E Q G M N I C L O Z E A L I I S
B H M A Z I P H Y J Q H P N I N N U
T O R Q T G Y L W S C D I S S E D Q
H B Z R X F I K M S A X N U T C E K
Z A L G I M L M A I K O S V E O E R
B Q X N A Z Q M T E W B W H N N R L
G C G F I H T V Y Y U F U F I E H Y
I N D U S S I J P B A W E K N S O N
H N F G I K D I Y S T Y K M G E O F
R G W R S W N N D O J M X K Z H V F
V H H G Z E W L J F C A J N E A E B
D C N W S Y S K V O R G E T H Z S O
J R W Z S N O I T A R O C E D X Y Z
W O N S G N I M A E L G I F K Y A G
```

CHRISTMAS CHEER
DECORATIONS
FAMILY LOVE
GLEAMING SNOW

GLISTENING
PINECONES
REINDEER HOOVES
SNOWY PINES

Christmas Word Search for Adults#46

```
O X U K K X Z N O D W E L X N O J D
S S G M Q C Q C B V G W K O T E W J
U U A C O Q S R G L N F R W U H T D
Z G E Y C H R I S T M A S W I S H L
C A D Z U J S N O W C O V E R E D W
W R P Y K L N S J J M T H E V Z D B
U P O O J B E R L F J S G K W W P J
V L L J P I Z C C T G A O E I E Y U
Q U A E E R R Y A N G L F N T I Q W
Z M R M M N W U O N L P T T T L S C
A S E I J Y E S B D D E U R V Z F C
N F X T K Y E Q E K R L A J F R M L
I A P R T V D I P C V W E W L K K A
J C R E I T U J O T C V Q S U B G E
V X E T J Z K A F K K M J H I M K N
J F S N A W T L X Q X C U Z E H E M
R E S I O S J W L S X Q G D L O J T
F N Y W V U F W C N T X V Q L S E S
```

CHRISTMAS WISH   SUGARPLUMS
FESTIVE SONGS   WINTER COATS
POLAR EXPRESS   WINTERTIME JOY
SNOW-COVERED   YULE CANDLES

Christmas Word Search for Adults#47

```
Y U L E T I D E H Y M N S Z O G O R
V E I L R F C T D R Y P S S E T Q M
V K G X A N H C F E L E A Z H Y R M
C O J L L X R V T G P Y N K Y B Y S
I R R B B X I R B T O P T H I H X C
N C B U X H S P O C K N A E I T A C
N F H H G O T Q R P E G S C K X A N
A W X Y U L M M B J W J S X W R O T
M P K R S I A Q C C K T L U O O Q Y
O Z V Y D D S I B E K Z E L S T N M
N W B P E A C E F U L N I G H T V S
S G G L T Y A R A G E N G M D M J C
T M H Z M A K Q I I G Y H X I U J Q
I B U A I T E O I J Z C F I G B L Y
C K M K X T W D O J Q A P Y S C M Q
K M V Z K I H Y E W V C X J T B S Z
S D H K E R P A C O D Z O I V H V B
P T G W X E Y G T D W S E P R O E T
```

CAROLING JOY

CHRISTMAS CAKE

CINNAMON STICKS

HOLIDAY ATTIRE

PEACEFUL NIGHT

SANTA'S SLEIGH

SNOW-CAPPED

YULETIDE HYMNS

Christmas Word Search for Adults#48

```
L J G X I X Y C S S C F Y S I W N V
N C G H B M U B T K H M K N L P Y U
B Y I G I I L Z A S Q C N O I U R M
T L N C L D E W R N Z G Q W Y Z E I
R E S R A N T L R R G G N Y U H F M
W Y J S Y I I C Y E N E O P A I L V
I W G Z O G D O S T L I W A E L O E
N Y J F O H E Z K N U F S T N Z E X
T Y T U O T J B I A R A R H E S J L
E W E A H M O G E L F W Y S C Z N P
R K N Z L A Y E S G G E N E S G Q O
W Y I P E S Z N J N S L A D R W O N
O H H I G S V H H I M G W M E Z G J
N Y C F L X G A F W W S S D G C H G
D J V E Q V X D P O I F M Y N I V U
E X N W R B K A A L Y Z L Q A X A O
R R N X W C M M Y G D K E X M Q T M
M G L I T T E R I N G S N O W M A U
```

GLITTERING SNOW
GLOWING LANTERNS
MANGER SCENE
MIDNIGHT MASS

SNOWY PATHS
STARRY SKIES
WINTER WONDER
YULETIDE JOY

Christmas Word Search for Adults#49

```
D Q A D E N O O T S E F S H F K T O
U T T B Q N O S A E S Y A D I L O H
Z Z V X P Z H V Q F U T P C P Y M L
V L R Z R R I L L O M Z C W L W U S
A Y P F M I T T E N W A R M E R E B
K B W S K R S J R B K I X M U L S J
F S S A B D I C W Y X A N M D U U H
M I N W S R X H Q T Q M N E P V L Q
Z S Q O N S O A I F Z W E I W A Z I
V E A B W Z A A C R M N O V Z M H Y
S P A E J F W I D E E P W O S Z F A
D Y M R T N L G L N Z R X G A K A Y
G G C I J R A U I I B S J U L K G E
T C I O R L E P R M N F D Q G K S B
D W G P E G Q G F R R G C U D D L E
E L P S X K R G N X I F U A Y I N J
L R G Z M U C A A I C E N W X F Y B
R X E A Z W F I K Z G B S N Z Q V K
```

CUDDLE
FESTOONED
GINGER TEA
HOLIDAY SEASON

MITTEN WARMER
PINE NEEDLES
SNOWFLURRIES
WASSAILING

Christmas Word Search for Adults#50

```
V C W I N T E R A T T I R E L P R X
M F X F I I Q T L X G D F F V W X H
S A Z P E L K R A P S L E S N I T H
T M V P C S S I K E O T E L T S I M
N X C O E T O I K E T I T S E Z X O
E C Z Y J A X L J O D M A X Y Z H S
M U H R U N C A U O R E G U I M C G
A B L J F G G E J H F L X A O B B J
N W Q Z J U L B O Y N P J V J Y A X
R D X L A E J Y A N Y L V R D W Z I
O H H K R D D S C E R V V J E V D
R X S K V A I Q A W Q A G O E Q Y O
E L I O O L F H X P E X R U W S Q Z
T M J H O W U I E N S A W T B U H Y
T I R H Y E O D F C K Z T P H Y V N
I Y W E R N U N A Y U C I E Q Y N U
L K H C G U B W P Z D D S A R D Q A
G J I N G L E A L L T H E W A Y M J
```

GLITTER ORNAMENTS   PEACE ON EARTH
HOLIDAY FEAST   TINSEL SPARKLE
JINGLE ALL THE WAY   UGLY SWEATER
MISTLETOE KISS   WINTER ATTIRE

Christmas Word Search Large Print: A Festive Puzzle Book with Easy Christmas word searc...

Christmas Word Search for Adults#51

```
Q L M L L V A Y X I E L J F Z O S B
F W Y T S H V Y F W C R H X Q J P Z
L U R Q L G H Z F D B A O C M M A N
X C V X W S K E M U B S L I I O R R
Y J T J O I Q R G N E C I N D B K K
I L V U F X E W A I L S D N A Y L Y
M Q W A O E E F R M E P A A C A I L
C Z F A H O E O Y B P A Y M A Y N B
K K U E I E M R F A U U F O P E G Q
Q B J H S E M G E D X J S N U D L C
S M B P M T N T H Y J E W A L M I T
W M O H R I I E I N D W Y R B K G M
W P E C T T J V V D F F Z O K Q H F
R U F S I A C D A J K Z A M E C T C
I V A H X C Y B L L H J N A V O S C
O E Z P L Q M I B D K Y D S J M D U
F K Q M M A R S H M A L L O W O K A
F M I Y Y I X T S G L A U L Y X Z Y
```

CINNAMON AROMA
FEASTING
FESTIVAL
HOLIDAY

KRAMPUS
MARSHMALLOW
MEMORIES
SPARKLING LIGHTS

51

Christmas Word Search for Adults#52

```
A  C  W  T  T  C  K  M  D  F  M  M  J  D  F  U  M  G
K  M  F  J  N  C  E  B  B  L  J  Z  O  N  Q  V  A  N
D  M  L  I  A  E  F  N  N  O  B  M  U  T  B  M  A  G
H  J  Y  S  T  V  B  K  E  C  I  T  S  L  O  S  T  R
P  F  Q  J  Y  N  T  M  D  X  B  U  E  S  C  W  O  U
A  N  K  E  V  H  S  F  T  Z  L  W  G  W  B  E  E  Q
G  D  I  K  V  T  B  P  R  L  Q  B  F  U  J  R  R  H
E  M  X  X  A  Z  W  W  M  I  B  E  X  T  N  R  Y  A
A  O  Y  R  D  K  K  I  Z  R  X  S  R  O  Z  M  N  S
N  C  L  R  V  U  R  D  T  Y  A  U  Z  H  L  B  B  V
T  I  I  O  H  A  H  S  H  Q  W  D  N  X  T  F  N  A
T  T  Q  D  C  Q  F  F  Q  L  P  O  I  V  D  J  F  F
L  N  U  L  V  E  M  P  C  P  A  W  E  A  Q  B  B  V
S  N  E  M  D  J  W  C  G  I  N  Z  V  N  N  L  F  R
F  S  S  R  V  Y  Y  N  Q  X  M  C  N  C  W  C  S  R
R  B  W  D  H  G  R  H  E  B  P  A  N  C  A  K  E  S
B  V  X  Y  V  R  R  E  S  P  L  E  N  D  E  N  T  V
G  E  A  O  L  U  J  K  K  Q  R  F  J  M  Q  Q  W  N
```

MIRACLE   RESPLENDENT
PAGEANT   SACK
PANCAKES   SOLSTICE
RADIANCE   STARLIT

Christmas Word Search for Adults#53

```
R V T S P L H A V P W M T E W L E T
O D X D I Q F R V G U Y R O U I W U
A A C Y X H U Z J G W A N Q G I P N
S C M O P J R R K Y O S Y O N T T W
T K W A H R L A L D G P S K S C J R
I D G I N G E R S N A P L T K R B A
N T V X E I D R I T Z I P X V S N P
G U K E Q K S N J P N L R G H S H P
C A P C C K E R Z G C F R L T T T I
H G A B L T A T E E Q T J K S N Z N
E N F H S L R J Z D P W I N T E R G
S H Z I M R T Q M H N P P Q L K U D
T D L B Y C U Y U L M E E Z Z F N U
N G N G L J X P S S R U P L O F M L
U O P F B X H I A H A M U S I N C F
T G D E T Y N C Y D O Z Y V U N F B
S L H Q C K W R B C K B X X B S M W
S Y R B I V W B J B V A K H X P F T
```

GINGERSNAP
GLISTENING SNOW
ROASTING CHESTNUTS
SUSPENDERS

TWINKLING
UNWRAPPING
WINTER
ZEPPELIN

Christmas Word Search for Adults#54

```
Z E F I P S Q I B H D W G K N L S H
S P B X E Q B R W D L A O R E L L Y
A D V E N T C A L E N D A R R X O U
Y G G P C V F I B B I Y L L D B R L
N M N R W A R F G T X P G O L E A E
I E P I T R R X D L O Y H I I G C T
D S J Y K P G O U X V J Z Z H L S I
C E H P R A Q F L U N M S F C W U D
B L C P H U M U S I J D B A G N O E
Z L O K C I X Y W X N S Z S N N Y T
P E Y K T F O Z R I D G C Z I S O R
O E M Y A H V I W R Z V P H L R J A
H W V S R J E Y B R E O L A O P W D
R B W M P M C H U G P M P B R X K I
W M R L M I M E A Y L E C Z A T V T
J I V M J B X R S L L D T Q C V Y I
Z Z U C O D S H K S L P G F R Z Q O
R U W H V W K H P J X S U T M M A N
```

ADVENT CALENDAR   ICY WINDS
CAROLING CHILDREN   JOYOUS CAROLS
CAROLING PARTY   MERRY-MAKING
DECK THE HALLS   YULETIDE TRADITION

Christmas Word Search for Adults#55

```
L C M C T B A V M I X O F N Q C M B
H I H I A C M T Y U J T Y H H D W S
J O C R S F R T P N S P O R K R T C
M J L H I Y N C P B M J I N P A I N
F Y Z I U S Z A N E I S E B E V U G
I G Y N D L T A K S T W L R Q F E I
G W K L D A R M Z M Y J T P E X D F
Y B K E S S Y J A E W L S M Y J X T
V F Q D O K J S A S A J I G Q X I E
R J W R C L M R W N P T V X J D J X
Y F G Q P I S N O E R U Z Z X S D C
K U C T R E X S S E A J D N P L Q H
H I E A V L A E T L O T B D W G Q A
A A C E A E P N X W R M E M I G J N
G L Z F S C I N N Q C N L R M N A G
E F M U K W X I W W T A X W M A G E
G G N F A M I L Y G A T H E R I N G
G M B V A F D F F S T Q N M D H G W
```

CHRISTMAS MIRACLE   HOLIDAY SWEATER
CHRISTMAS PUDDING   NEW YEAR'S EVE
FAMILY GATHERING   SEASONAL TREATS
GIFT EXCHANGE   WINTERTIME FUN

Christmas Word Search for Adults#56

```
J  I  Y  U  V  N  H  Q  A  B  N  T  F  B  E  C  B  K
O  J  U  L  K  N  Y  N  B  N  S  K  V  T  R  W  I  Z
L  W  D  G  J  D  P  T  R  V  G  W  Y  U  M  O  Y  U
L  G  T  Z  T  N  W  C  T  K  A  E  A  I  O  X  P  D
Y  N  A  E  G  U  R  K  L  D  L  H  L  H  G  P  S  Z
O  T  P  P  P  L  K  B  O  T  E  W  C  I  D  H  V  B
L  C  V  H  S  I  I  T  C  B  M  S  Q  I  C  D  G  Y
D  L  R  R  V  C  P  T  I  M  P  L  O  T  U  D  X  E
S  R  S  G  W  G  U  H  T  F  L  J  J  N  H  A  P  I
T  E  X  L  P  Y  F  L  A  E  W  Y  E  X  D  C  N  U
N  J  S  O  E  S  H  I  B  N  R  B  V  Q  P  E  J  E
I  O  H  B  S  D  Y  H  V  A  Y  I  X  J  W  X  R  A
C  I  K  D  U  W  G  Q  G  R  G  B  N  H  L  W  V  O
K  C  X  T  Q  I  K  I  K  U  S  M  C  G  O  Z  Q  Q
E  I  W  L  E  L  Z  Z  N  D  V  W  Q  E  F  S  Y  H
M  N  S  L  F  Q  X  C  A  G  Y  L  Y  X  E  O  T  U
V  G  S  L  J  P  Y  O  V  I  I  P  S  Z  A  W  U  I
W  W  A  I  K  U  R  S  J  U  B  B  Z  S  I  I  A  N
```

ANGELIC
EPIPHANY
GLITTERING
JOLLY OLD ST. NICK

RED-NOSED
REJOICING
SLEDGING
SLEIGH BELL

Christmas Word Search Large Print: A Festive Puzzle Book with Easy Christmas word searc...

Christmas Word Search for Adults#57

```
T O D C U N E C I F E K W J M I J M
B G D U E D L Z T W I O J A J F T F
Q V V S X L B T I X N V I T C E T Z
H P X H P R E S R D N K Y F A R A Q
J A P X T A D B E S W E O H R A Q R
L K T D J L N R R E E K U F O D G R
W J C L I A L S S A N L T U L X Z A
G H F J Y A W P R K T N Z M B C Q H
J I P N N U L V S E I I M I O X E Q
N W F D O L S M E M G U O G O R Q T
E Q W P R R R W R L P N R N K A D S
M I U G X P T E W A N P I H W A C B
H T R H T Z P H F P N H Q G X U D W
Y D W D X P G Y W E K L V P R U G H
I I S Q E F E S T I V I T I E S C O
H T W P H V R I K V N N B Y W P Z U
V Q V D D R W E L E W D Y T T S U H
H H H L Q G L I M M E R I N G L C H
```

CAROL BOOK   GLIMMERING
CELEBRATION   NORTH WIND
FESTIVITIES   PEPPERMINT
GINGER SNAPS   WONDERLAND

57

Holly Winters

Christmas Word Search for Adults#58

S	A	H	S	L	R	Z	W	I	S	O	L	D	Y	J	N	A	E
T	O	M	K	G	T	Q	L	C	J	S	F	Z	K	U	R	Z	Y
B	C	H	L	M	Q	Z	H	M	P	G	G	Y	B	R	U	C	E
S	O	I	X	O	U	P	V	X	F	O	F	S	G	U	U	K	K
N	C	H	Q	A	G	N	Q	X	L	G	B	F	S	B	O	K	R
O	M	D	I	N	Y	Y	F	E	G	Q	Z	Y	A	Z	N	Y	I
W	R	P	X	B	Q	U	D	G	D	T	K	O	Y	Z	R	S	O
B	A	X	J	F	E	I	L	W	M	N	Y	X	F	O	Q	P	H
O	W	H	P	T	T	R	Z	E	J	M	M	Z	T	X	L	F	C
U	K	C	H	E	S	T	N	U	T	R	O	A	S	T	I	N	G
N	C	I	L	K	K	G	B	A	F	I	R	W	D	G	Z	G	N
D	I	U	L	M	X	N	S	V	T	B	D	U	L	K	M	J	I
D	Y	Y	C	W	H	E	H	G	E	I	S	E	N	L	J	G	L
F	A	Y	F	M	Z	Q	E	L	S	Q	O	V	C	L	W	M	O
P	C	L	H	X	Q	Z	E	G	D	P	P	N	Y	A	K	B	R
I	R	X	Z	S	O	C	B	I	E	B	L	G	A	G	R	T	A
L	L	O	F	S	W	S	F	E	N	E	P	R	N	P	M	O	C
V	L	H	J	E	D	J	I	J	P	O	B	K	N	X	L	V	L

CAROLING CHOIR

CELEBRATORY

CHESTNUT ROASTING

HIBERNATION

SNOWBOUND

WARM COCOA

YULETIDE CAROL

YULETIDE LOG

Christmas Word Search for Adults#59

```
X P U C E L H N P W Y J R N T Y N T
R T E S P S D P E U N J U Q T O I H
L L R P A W T R Q L P X Q E Q J V Z
O Y R F P E G I M Z D P E I U F K R
X O K F G E G E M J S R I I E O D G
V K E E L P R I H X W A S E D S H W
T U H S A D E M B J I B U N S G H Q
X L E T U N C R I S P A I R G N Y I
T V C I R Z G K C N S P H P O I T K
E V G V B A M E G F T L I Q U D R E
V V H E Y S E Q L D U S X P C I W Y
D V H D H L Q H Y I N W T D K T Q D
X Z B I S I A B M L C U V I L Z X O
K M P N L U M R N R Y C E S C L H U
B R Z N J N R T W B A A H Y W K I L
A L W E O Z I Q G T Y W D O D E V Q
A K X R Y M T D K C L P Y U I C L M
G J O Y O U S S O N G S P H J R G D
```

ANGELIC CHOIR
CRISP AIR
FESTIVE DINNER
JOYOUS SONGS

PEPPERMINT STICK
PUPPIES
TIDINGS OF JOY
WARM HEARTH

Christmas Word Search for Adults#60

```
E O Q Y C A W X W M C W B T U X F N
L M P J H F H M I W X U C Y I J O K
N Y L U O Y X C Q G H S F R V M M U
Y U V R M Y H X D V F Q N Z W P I G
L A N T F H T O W T J U T Y R J K X
V R M J C O D N X O M X R A G U O L
Y J J W Z V Q B Q T Q C Y L X M E R
P U X B B L L F W O E E X O U K H D
E G B M E S T P Z I R Y Q B V G D T
T T C M D Q M J K G N Y Q B E A J M
A V C J I M U O R S R T E C F L A F
N I J Q R A O N N B J D E M N D N B
R J Z A H C A B C Y R E P R V J Q V
E P H F G O P Z B Y L I G E T G V A
B C A M I K J H W F N W N I O I W Z
I C O J E W O M M O N T H O E W D Z
H V Y O L N F G U Q K Z W J L T W E
F I L E S G S I F S L V O H B M D D
```

ADVENT
COOKIE
FLEECE
HIBERNATE

JOY
PRAYER
SLEIGHRIDE
WINTERTIDE

Christmas Word Search for Adults#61

```
O C N L W Z D P B D C O B W V S T W
A H K B X F X Z Q D W Z S O S G L W
S V A Y R H S O N G U A G T U N N P
Y Z E T M V D J A A N G I N N I V H
E G Q O I E Y Z Z T O F B S Y R C V
P T C N W T E D A W T H I W V E U O
R M O K F D T S G U E J K W I H D K
F E V A P Q L X O D Y S G I H T J L
I K I M Q I S E Z C W I M N W A Q V
X G U N S Q V Q O C P X V T V G Q B
E O V T D I O Z K S H I O E L Y R O
U D U I T E Y E O R T Z N R L R T Q
V D Z S I C E E H C D T H B D R N Z
E Y E Q A Z N R P L F F B R K E X A
H F B B Z S D A F W J V N E Y M E G
A C I R C E I I N O C B Z E C Z X R
A N K A Z E A N Q E O D K Z G V N E
B A Q W M Z N Z Q E U D I E J P V K
```

COZY CABIN   REINDEER FOOD

DEER   SANTA'S LIST

FESTIVE OUTFITS   SONG

MERRY GATHERINGS   WINTER BREEZE

Christmas Word Search for Adults#62

```
S S E R U T N E V D A Y W O N S N H
F N D C H L Z F L Y G G A X S V O C
R C O Y H H Z Q X J L P D T Y L J D
O H K W V R L B Z B U M I H I M X Y
S D C Y C J I T F Y Q R G D G P Y J
T K S E Y O L S Z G I D A A Y U W A
Y C X X X I V X T P R Y H Y U P P G
T N E K W K M E S M D D J K U V F A
H K Y E W W R E R E A Z F L O E D W
E C L B I K V G C E C S V L U R O F
S Q Y K P I N O G E D F M T G O P P
N H N J T B R X N F W F F O R E K S
O Z H S M A R N K F W Z I G V R I O
W I E D T D I F C I F F S E X I V W
M F E I Z T D P X W U Z U H L C E E
A W O I J V Q Q F U F C L V N D E S
N N V R J A K T X I D F S E I P S P
S P A R K L I N G S N O W T Q S Z V
```

CHRISTMAS MOVIES
FESTIVE SPIRITS
FROSTY THE SNOWMAN
HOLIDAY DECORATIONS

SNOW-COVERED FIELDS
SNOWY ADVENTURES
SPARKLING SNOW

Christmas Word Search for Adults#63

```
A E G S F Q N L Y M T N N A Y H J H
E D N W L V V U Y J N Z A G U P M J
L A I R R E G R P G C E F A N C X D
S R P D V F I Q L Q W R U L N X J S
Z A P Y A E J G K K A M M D V L N T
I P O D U B G T H G F I P K F O Z T
L Y H M W L N F P R I Y S F W X S G
M A S X N E E Y E H I O S Y W X W X
P D S Y W U O T X S H D M C W T H A
M I A D T A X C I P T O E Z C W V G
H L M B B H N Y G D U I E F Q I M U
O O T J Y Y S J E N E M V P U O V S
W H S C X A J F T C V M H E E N W G
R B I F W R C A A S O P A X H V I S
S G R A Y M I U X Z E I L R T O C N
I A H H K N J M I H Y V S N K T M J
E L C A S E G D U U B B U Z I E U E
E C N I R P R E K C A R C T U N T Z
```

CHRISTMAS SHOPPING   SLEIGH RIDE FUN
FESTIVE HOME   SNOWY MOUNTAINS
HOLIDAY PARADE   YULETIDE MARKET
NUTCRACKER PRINCE

Holly Winters

Christmas Word Search for Adults#64

```
S W E R X Q Y Q E D C N G B O N C Y
T S K H H D B J T N O X X F E D M U
A R S X E R T M E X Z E O V V Q P L
R J E Q E A F J E D Y O P K P O Q E
S H S T B U F E M Y N R J E C F B L
H Y M B A C C X W F O I V H F R K O
A O T F J E Q I L B O I R G E W D G
P B O A F L W J G A K I W V X P A S
E X M T D S I S D A S M I R O G X C
D Y N L X S G J S T M R D K W Q G R
C G A G G C S F M A Y S Z D I H E A
O S F C E G V A V W M Z A Q I E V C
O V B V F Y S V O M T T D T C Y B K
K P X R L C A N R I U M S G N J D L
I O S S A V S P Q K U W J I G A J E
E H Q R L M Y Z R D C B C U R N S G
S E O C E R O F G Y H P Y S E H H M
Y L W O D A E M Y W O N S A O X C T
```

CHRISTMAS CAROL
CHRISTMAS SWEATER
COZY NOOK
SANTA'S MAGIC

SNOWY MEADOW
SNOWY RIVER
STAR-SHAPED COOKIES
YULE LOG'S CRACKLE

Christmas Word Search for Adults#65

```
I  U  V  S  N  O  W  Y  P  A  T  H  Y  Q  X  Y  M  F
Z  R  A  A  M  N  V  W  U  U  B  A  V  S  Z  U  X  E
G  Z  J  I  K  U  Z  I  H  T  T  J  Q  G  Z  L  D  S
A  H  K  F  S  W  B  N  X  E  U  S  W  N  Z  E  V  T
J  T  V  I  V  P  A  T  W  T  E  K  Y  O  K  T  R  I
D  S  C  D  D  S  F  E  V  N  G  T  S  S  T  I  D  V
S  Z  F  Y  L  G  T  R  E  X  P  Q  X  Y  Q  D  R  E
Y  B  X  P  G  J  N  C  Q  C  Z  D  S  A  Z  E  I  P
C  R  V  R  M  S  S  E  I  F  E  V  B  D  N  W  S  R
F  W  S  G  Q  Y  X  L  V  K  S  S  H  I  M  I  K  E
S  B  B  A  W  A  A  E  J  O  G  X  T  L  U  S  V  S
K  X  M  O  V  T  Y  B  C  J  V  V  Q  O  T  H  R  E
N  N  N  I  P  N  I  R  J  V  E  D  W  H  C  E  J  N
Z  S  F  L  E  F  N  A  G  Y  Y  S  K  P  V  S  P  T
F  E  S  T  I  V  E  T  A  B  L  E  C  L  O  T  H  S
C  E  C  H  C  H  R  I  S  T  M  A  S  C  A  R  D  K
Y  M  R  Z  R  Y  N  O  A  Y  C  J  B  A  X  D  B  E
A  M  B  I  P  K  G  N  T  V  N  Q  H  D  V  Q  K  F
```

CHRISTMAS CARD   SNOWY PATH
FESTIVE PRESENTS   SNOWY SCENE
FESTIVE TABLECLOTH   WINTER CELEBRATION
HOLIDAY SONGS   YULETIDE WISHES

Christmas Word Search for Adults#66

```
R U R C E E V O L S A M T S I R H C
W Z O J K T Q E M J B G B I C C S F
S R C E Y S I O Q G E Z L P A O L N
C T E B G E S C T N E X U K Q U L S
H I D V A A F Y V K V P E P Y Z E C
R M R Z Y S L C T V P A P Z L M B Y
I G E R N O L L M A M P S K A K S O
S G T K E N R H I V J P P G E E A H
T I N P D A U X B V Z F E Z S I M Q
M X I M R L O B Y P E M D P I T T M
A L W J A M L N G M I V N E O X S Q
S R M V G A F M N T S Y I X I M I M
R P E Q R G U K R X E O Y T E S R I
I H I X E I E E F S W V X H S I H L
B O I Y T C T A D N U Z K S T E C I
B G R O N N J U Y Q T C N Y Y E F S
O I M Q I O H L I T L I R M M D S K
N U X W W C S G D P X R B L B O W X
```

CHRISTMAS BELLS   SEASONAL MAGIC
CHRISTMAS LOVE   WINTER DECOR
CHRISTMAS RIBBON   WINTER GARDEN
FESTIVE VILLAGE   WINTERTIME GAMES

Christmas Word Search for Adults#67

```
C A R O L I N G M E L O D I E S L U
C L S E C H R I S T M A S T R E E S
B F J N Z B K T W L L E C L G L E W
F H E J O O X W O U U H V N Q I M N
T D P T A W D A X R I O A G R Q G B
L K O L W G Y K I J O S L O A I K X
D A H S F I O S V P A Z T J S N D Y
N Y F T U A N Y N M Q S G E U G A B
C D O D F L L T T O E N D U A X E E
L F N P U G B S E D W E A C U W J R
Y N O G W D I R I R K M Q I T Y Y O
X J S Z M R U T L A E T A X Q M L M
B Z A F H W E D L K O S G N Y R F Q
H D E C U L D F E J P T C Q C M J R
M R S J U H W X N V N A B A C S A I
E Z H Y F O X M E O R E W W P X X J
J F S X N X D M H C W W B B Z E V B
T F Q S Y A F A E U V M B P O Q R E
```

CAROLING MELODIES
CHRISTMAS ANGEL
CHRISTMAS TREE
SEASON OF HOPE

SNOWFLAKE DESIGN
SNOWY SNOWMAN
WINTER ESCAPE
YULETIDE STORIES

Christmas Word Search for Adults#68

```
W S L H J D E Y Y T T V A C A W V O
R E P E R P P T K A W I Y N W Z H S
E U Q K S T W V Y O A Z G T E R C Y
A G Z Q N B C K S N B E L U N H U A
T J E Y W E I I K T L O Y H R L F W
H M U Z P M E S K O H R V I E E Q H
D O C R V L Q U R I S C S T S R M T
E H D N Z U U N X E F T I T V I S A
C B I E T K A U L K M D I F H L I P
O U E D O M R C T A E V I U O X H Y
R H P U E J I I S C E L N R O A M W
A J R N Z C F W H L W K A B B N C O
T W T J I I I E I S T C B D I A Y N
I S B Y R S E G X K Y Y P G R B B S
O I C M H R H Z V R J X C R Z O Y B
N I O E B T T E R H D H U K P H M V
J Y S D S X O E P G X S T N W Q F N
V H P Y J C M I N V K L V D I D V T
```

ANGEL ORNAMENTS
CHRISTMAS WISHES
FESTIVE LIGHTS
ICY ICICLES

MERRY CAROLS
SNOWY PATHWAYS
WREATH DECORATION
YULETIDE CHEER

Christmas Word Search for Adults#69

```
J Y I I X W V A K E K L U A W X L S
O B U Q Y Y K Q W G O A R B I V B P
Y V S L X R S N S O J H N W N H H A
F C G N E K M I Y V G V D J T C W R
U H I N O T N R A L N O P L E C P K
L R H O K W I U B V A I B U R H L L
C I S N O W Y D R E A M S V B L P I
E S J K P X P M E O Q K C H E Y E N
L T F M M S G H E G L X N E A F G G
E M C A C F O N F M R A M U U J E C
B A G Q F Z A V T M O E E B T J O A
R S N W J H S J S M Q R E Q Y D T N
A B T C L P M R D M W U I T M M W D
T L Z Z B Q E V Q U I F I E I R D L
I I W L F J G B I C Q W V S S N R E
O S K O N E G Z Q F U I D J V K G S
N S S E R U T N E V D A Y C I J U S
S U N Z S T K H O Q P K Z Q Z U T V
```

CHRISTMAS BLISS   SNOWY MEMORIES
ICY ADVENTURES   SPARKLING CANDLES
JOYFUL CELEBRATIONS   WINTER BEAUTY
SNOWY DREAMS   YULETIDE GREETINGS

Holly Winters

Christmas Word Search for Adults#70

```
E C N A G E L E E K A L F W O N S S
F G H G I G J Y G Y N Q B O S H E N
E S I R L T M S D O V G F X O I B O
E E C N I V F R T L Z Y R L T S D W
X A S R G S N J K C S V L I D X X Y
V S G X D E T F D I D Y V N C K V E
H O Y Y J L R M B E G I A T I A I S
L N V C V M P B A A T L A T T D X C
S A E H I H W A R S R U Z W M Q N A
K L M D Q B G L E E P X Z D D O Q P
O S K D N P A F D H A R Q E J N X E
W P U B K N Y N I U K D E S Y O W S
J L W P D A O D W B N S T S R Q X M
W E Z S D W E G C K R D Q R E A Z E
X N X I Y W P I E Z N S A H E N J B
N D L C A I U N U M R E R B L A T P
T O I S E A X H M K P S E V B F T S
H R T K U J H B Q I X K J I Q E M S
```

CHRISTMAS PRESENTS CY WONDERLANDS
GINGERBREAD TREATS SEASONAL SPLENDOR
HOLIDAY FESTIVITIES SNOWFLAKE ELEGANCE
HOLLY GARLANDS SNOWY ESCAPES

Christmas Word Search for Adults#71

```
M O X S D N A L R A G E V I T S E F
D I C F M N X T P J R Q Q J B J T W
U M E H V D D R D T F U K A F L H B
A I Y T R M J I H I R O J K N S M L
T S O F H I L I M N S W P T X T O V
I T M M R M S V K S E Z Q Y N L W K
Z L X E L O M T F E O T D C E X L S
M E B L B L S P M L H U P E L O L R
Z T P R D R W T Z A T I P S A U Q H
C O R L L C C S Y N S N R K P V J Z
V E W G H D X Q T D Z W S E Q C C D
N M V X M P V G Q G E A O U U Y N V
J A V J Z Y Z Z I L B L L N F A R G
W G D V F R Q Q S I O F I N D B P L
A I E P S S I Z K T M M X G K E L B
V C N T T M N M J T F W Y E H G R J
F Y B H J W Z I Z E U N B X A T P S
C O Z Y C O M F O R T W B T M V S I
```

CHRISTMAS WONDERS   MISTLETOE MAGIC
COZY COMFORT   TINSEL AND GLITTER
FESTIVE GARLANDS
FROSTY DELIGHTS

Christmas Word Search for Adults#72

```
C  B  P  E  Z  D  U  A  Q  H  C  S  X  L  Y  K  Z  J
J  A  M  R  Y  W  X  T  Z  M  P  D  Z  D  Z  H  H  Z
T  N  R  S  N  O  W  Y  U  P  L  A  N  D  S  S  U  M
Y  D  D  O  T  G  H  G  J  V  W  P  V  F  N  G  E  S
C  M  W  X  L  S  D  W  B  G  O  H  H  O  A  R  Y  E
H  U  M  T  D  I  D  U  M  G  P  N  W  M  R  X  V  S
S  P  A  N  B  I  N  N  L  Z  Y  Y  U  Y  Y  H  L  I
P  X  Z  K  N  W  U  G  E  M  W  A  C  O  F  L  V  R
L  M  X  E  I  W  D  M  E  I  U  H  P  A  I  G  C  P
E  N  I  X  D  U  L  P  L  N  R  Z  B  K  U  V  I  R
R  N  W  P  M  W  T  D  B  I  T  F  C  F  B  X  G  U
I  L  F  H  D  A  E  X  S  A  M  H  Y  B  K  Q  M  S
C  L  W  K  L  R  B  T  H  E  M  B  U  T  C  S  E  Y
W  Z  R  X  N  G  M  D  R  D  N  W  C  S  S  J  V  C
T  F  Q  E  N  A  Q  L  C  C  J  O  U  W  I  O  H  I
P  U  S  A  S  U  K  R  C  E  T  L  D  K  P  A  R  D
Q  S  S  I  C  Y  P  A  T  H  W  A  Y  S  R  O  S  F
E  E  L  I  B  U  J  Y  A  D  I  L  O  H  L  A  J  M
```

CAROLING ENTHUSIASM

FROSTY FRIENDS

HOLIDAY JUBILEE

ICY PATHWAYS

ICY SURPRISES

MERRY CHRISTMAS

SNOWY UPLANDS

SNOWY WILDERNESS

Christmas Word Search for Adults#73

```
C H R I S T M A S E U P H O R I A D
S L L I R H T E D I R H G I E L S R
S N O I T A R B E L E C R E T N I W
T Q R S O C K S F I P G Q X O O P F
I N M Y O A E K W K Q Y X B D B B H
N S V F P N B N J B S U U G Z V R W
S T H W D D Z V V V Q J W T Z A N R
E S Y A C Y H W O L G G O L E L U Y
L O P F O C T S E C G H M G V G T Y
A Z D C X A W D H N I I K E E A M U
N W T A S N O W Y S E R E N I T Y D
D S I L V E R B E L L C H I M E S I
R S J O Z D C U A O C O M V Y A P J
I T R I P R R U F S D B P P H D H S
B W D E B E X V R M M H L M L R Y U
B N L G T A A C Q T R T G G N V G I
O R U W Y M V C S C J Q H M J V M O
N P A Y Z S H T R Z S T L A A X T I
```

CANDY CANE DREAMS   SNOWY SERENITY
CHRISTMAS EUPHORIA   TINSEL AND RIBBON
SILVER BELL CHIMES   WINTER CELEBRATIONS
SLEIGH RIDE THRILLS   YULE LOG GLOW

73

Christmas Word Search for Adults#74

```
Q I G I N G E R B R E A D M A G I C
C A R O L I N G H A R M O N I E S S
S W H D M W N K Y G C G T N L V Y N
G U O W G C Y U N N L T F B K A S O
N B J J D U P B O Q F R X X T N E I
O X E S C L J B M W A D R H W P A T
S H O J T G F J R Z O E I E W J S A
L Q N L Z S B J A I U J B E Q N O R
L B A T G E I R H H O U W P K W N O
E C A W Z C U A E G K D R S K J A C
B T A F F L M H D B N H L C Y G L E
E U G P A W T S I I T S J P W P S D
L Y M T Y X H H T T N D B X V V P Y
G L S C X B H J E B R R Q G Q N A T
N S N O W Y H I L L S I D E S W R S
I C E F G S J K U Z T B K N J B K O
J H Y U O T X W Y M L V E P P Z L R
E E A J R J X V O F N H C Y M S E F
```

CAROLING HARMONIES   SEASONAL SPARKLE
FROSTY DECORATIONS   SNOWY HILLSIDES
GINGERBREAD MAGIC   YULETIDE HARMONY
JINGLE BELL SONGS

Christmas Word Search for Adults#75

```
K N X Z F E S T I V E C H E E R P A
C T W X I C B Y E F A C J X X S J Y
Q V G I S T N E M O M Y W O N S C N
W L Y P N E Y E J J E Y N O Y A F G
F S E R B T T L C Q B F I N R W C Q
J D H Z U Y E U Y E Z T X O E E S Q
Q N H G D A K R K C I Q L J L G S H
W J C I M H E M T D S I R V I H M G
I V H K M H F E E R N D G M T B N P
T Y W R I I M P S G A Z V A R Z Q N
W Q L Z L Y X Z E T P D E G B H X X
R H F S R E F N V E J R I K C Q X M
E W M V Y C S A F B W D E T A K I N
Y A V W S E H D W Y B J V C I N S B
G G O J M S G M L G L U P K F O A K
Q N D B V B M L C R E C V X A K N W
S N L B Q X O L F R G P V L D B Y S
D E M X F H D O I D I S N H L R P J
```

CAROLING ENSEMBLE   SNOWY MOMENTS
FESTIVE CHEER   WINTER TRADITIONS
HOLLY WREATHS
SNOWY EXPEDITIONS

Christmas Word Search for Adults#76

```
T E S N O W Y T R A I L S C R T B F
S N O W Y E X C U R S I O N S R D E
R Z B G E B W T Q K X J U C C J B H
D Q R B U A B M P W U F C K L O C D
D T Z C E Q F W C G Q X L W R S B S
K E O M A G H T Q W H A E D D H N N
Y J X H G R Q W R H H G R Y N J Z O
O K N H D T O B B Z L A G C P W I W
B W C M B A D L J U W N Q F N Y W Y
Y F U Q U E U R I R L M P I R Q G S
S T A R R Y E V E N I N G S T K C C
I R Z H J W P T T C G R L K L V H E
X N I R F P N L I Y M T D C T N Q N
C T G B V I L A H K P W U T C W C E
P A H S W Z X I B O N V V N L O G R
E A Q N C B A N P K U Z F J E O U Y
C R P S Q U O V R G H A L N C S A Y
R J S N O W F L A K E D E S I G N S
```

CAROLING TUNES
SNOWFLAKE DESIGNS
SNOWY EXCURSIONS
SNOWY SCENERY

SNOWY TRAILS
STARRY EVENINGS
WINTER WARDROBE

Christmas Word Search for Adults#77

```
K O S T N E M A N R O C I L E G N A
B H O H F V J G B M W T U I X P H K
U J Q W Y P I A Y Q A P W B K N M Y
W R E A T H D E C O R A T I O N S X
U T I N S E L T W I N K L E S D D T
W A C D I S K Z U U R R D P N H Q W
P E D S E T N L S F S S B E Z W L M
Y U V T A H O O U B A G I Z G I X J
I Z L N Q G N X W V C R M Q S N O V
D G E E K I Y O V Y F O R L Q T U M
P D K M E N R D S Y B A G I T E L F
M P P O N T N C T U U L H N Q R A Z
G V O M H I B S L R B B I R W W N Y
S M I Y U L O L D U X T E S A A J Y
Q I S Z Y R Y H D J H A H F S R T M
B R S O F A G O I X P R I N B M J Q
N M C C X T O U Z K V F A X N T M H
E R U E S S O S W T S D G F W H Q M
```

ANGELIC ORNAMENTS
COZY MOMENTS
FROSTY FRIEND
SNOWY BLISS

STARLIT NIGHTS
TINSEL TWINKLES
WINTER WARMTH
WREATH DECORATIONS

Christmas Word Search for Adults#78

```
V Q T J X B X J Q H N D O L Y T E G
O J E I Z R X A G I P K S O Y H C N
G U W M G U X L A B D T C Z L F N I
O U W G E M V O V F K M J X S F E K
F D I V J Y U H J A J R O Z T R L A
D K N O Z C D X X Y M M U V A O I M
X S T W I N K L I N G T R E E S S Y
R B E X E B C A M R Y Q P F R T Y R
C H R I S T M A S H Y M N S T Y W R
R M S P K Q Y A Q J X B I O Y M O E
H R A J C N X V T A K C T M A O N M
G Z R K T Z F P W H Y N Y B D R S E
B C R V C V C O A S W K O X I N P V
W B I G C F G K C S E X A L L I V I
J F V Z S L Y E V K K J X O O N W T
H S A B W T N S B W C K M Z H G D S
B X L S I E I J C X X R X B Q S Q E
Y M W Y S F Q R S P D D S A R R X F
```

CHRISTMAS HYMNS   ICY SCENES
FESTIVE MERRYMAKING   SNOWY SILENCE
FROSTY MORNINGS   TWINKLING TREES
HOLIDAY TREATS   WINTER'S ARRIVAL

Christmas Word Search for Adults#79

```
V  B  U  S  R  E  D  N  O  W  Y  W  O  N  S  U  J  J
A  P  D  H  V  C  F  W  Y  N  O  K  Z  O  W  E  Y  A
C  J  C  A  I  O  T  B  B  I  Q  T  J  W  T  R  Q  I
K  K  Z  L  T  Z  Z  J  N  Y  A  X  O  O  H  R  M  N
Y  E  G  K  I  Y  M  W  X  T  G  N  Y  Q  H  G  E  X
Z  T  X  L  O  F  B  P  N  B  S  O  S  H  Y  Y  B  E
V  H  F  D  Z  I  P  A  W  V  M  O  U  P  P  Y  T  B
P  E  D  C  C  R  S  O  Z  S  E  Q  S  O  E  O  G  R
C  Z  M  K  O  E  T  T  P  O  C  P  M  Y  I  G  I  A
E  X  F  G  M  L  D  E  H  R  S  X  C  B  K  U  E  Y
H  G  I  R  A  I  D  M  L  Y  N  E  S  G  B  B  M  F
G  F  F  F  O  G  T  F  O  Z  R  F  F  W  Z  H  X  M
T  D  E  X  I  H  O  M  V  O  T  B  F  U  T  V  M  M
R  D  W  G  T  T  I  O  H  A  E  X  O  Y  W  X  K  M
T  W  I  N  K  L  I  N  G  O  R  N  A  M  E  N  T  S
T  V  A  W  F  R  Z  S  T  G  D  N  V  E  K  A  J  X
F  E  S  T  I  V  E  M  E  R  R  I  M  E  N  T  X  P
M  Q  P  H  Z  D  G  W  A  N  A  C  J  R  T  F  N  E
```

COZY FIRELIGHT   SNOW
FESTIVE MERRIMENT   SNOWY WONDERS
GIFT   TREE
SANTA   TWINKLING ORNAMENTS

Christmas Word Search for Adults#80

```
H T Q N Q A Q Q G J Q Y G S U A L I
T F B L R D L Q J V J T B L T I C D
C L B F H C D S R K S E W B C A H M
K Z J Q J Y V E T S L E I G H O R B
B E J G Y X E U P L D J D U Z G E A
D Q P L D D W Q B A V L C N E R B W
U K D J N Z X D G Z X A E Q H J Y M
B A P I A E C E J J I Q U M F E W P
C R E U C N Q K L A O X V J D H D B
V R E R K B N T L F Z C T C P L S V
I C U R Q J D F I O V S Y I A Q L M
O V E T L B U C P W R G X Z J W I E
K J O Y V E X N J L R A Q K X D P W
J N Y B Y M X G M J Y E C K S L U A
P B J T Z B H M W B L N A C Y W F V
F L M P U F C G M A I Q H T G A C Y
J Z S K N N A H C I M P O T H S U Q
W Q V A U T H B U G L Q V U Y H F E
```

BELL
CANDY
CAROL
ELF

REINDEER
SLEIGH
STAR
WREATH

Christmas Word Search for Adults#81

```
O  Q  Y  M  X  B  Z  Y  B  I  C  H  H  S  J  N  O  S
B  J  L  E  Q  X  I  J  E  X  E  C  C  P  L  U  F  I
O  B  E  W  B  R  K  E  T  T  B  N  I  W  N  L  E  N
J  C  E  E  I  C  M  I  K  R  V  I  N  O  P  T  G  R
Q  G  L  B  O  I  Y  J  K  A  V  R  O  D  Q  C  T  E
H  X  B  J  H  Q  S  H  A  Z  D  G  Z  R  A  R  G  Q
O  O  L  B  N  Q  S  Y  K  N  B  V  V  G  D  K  P  H
N  Y  L  M  C  F  N  P  X  N  G  U  S  D  C  E  M  M
Z  Y  T  I  V  I  T  A  N  K  V  E  C  S  O  D  Z  K
Y  H  Z  R  A  P  F  W  A  E  V  L  L  T  K  O  M  V
J  R  Z  Z  G  I  M  R  W  L  H  Z  E  L  T  A  Z  Z
F  V  L  Z  M  T  U  B  O  W  T  L  H  H  N  R  U  X
V  Z  D  U  E  A  C  W  C  S  T  K  K  W  E  H  B  T
T  J  M  T  B  V  M  Q  A  S  T  J  M  L  M  I  Q  K
T  R  B  Q  O  O  K  T  I  T  D  Y  P  G  A  I  V  N
U  M  R  K  R  R  P  M  W  H  J  T  R  E  N  Q  C  W
E  L  G  N  I  J  Q  L  K  Z  Q  Z  Q  N  R  I  D  K
U  N  X  Z  C  U  H  V  P  L  K  Y  Q  G  O  U  Q  Q
```

ANGEL   MISTLETOE
FROSTY   NATIVITY
GRINCH   ORNAMENT
JINGLE   RIBBON

Christmas Word Search for Adults#82

```
E  O  X  J  R  Y  M  R  C  Y  G  B  D  N  R  B  L  L
L  C  V  T  A  F  X  Z  O  J  I  E  P  U  I  R  P  E
U  L  A  V  P  X  O  U  A  R  N  J  M  Z  H  R  Y  S
A  E  Y  L  P  L  D  P  E  Y  G  K  Q  Q  R  O  W  N
A  X  B  X  P  Q  L  K  K  O  E  Q  S  O  X  G  F  I
H  L  V  L  R  E  C  S  F  B  R  J  Z  I  O  C  Y  T
I  P  I  K  P  A  R  F  G  R  B  W  F  K  D  E  V  K
L  S  D  Y  R  Q  L  I  W  Z  R  C  K  N  N  L  Z  C
R  Y  T  C  F  W  R  L  F  F  E  Y  A  M  G  X  F  H
N  M  T  T  H  T  Q  M  M  K  A  G  I  N  R  M  Z  P
D  U  D  I  R  D  L  D  O  T  D  H  I  Q  D  I  P  O
N  B  V  M  T  Y  F  P  D  F  C  K  J  Q  Y  L  H  I
E  S  U  N  S  F  H  Y  K  A  C  R  F  L  Q  U  E  S
B  K  B  D  D  C  T  B  I  O  O  H  D  U  F  T  G  Q
K  U  F  T  J  X  Y  I  T  E  U  F  E  V  T  H  M  M
R  G  A  I  T  T  E  S  N  I  O  P  R  W  V  L  F  M
Q  F  D  L  J  C  F  I  T  Q  W  T  D  A  M  K  W  L
A  A  L  H  O  T  M  H  F  Y  I  B  Q  P  M  A  G  T
```

CANDLE   NUTCRACKER
CHIMNEY   POINSETTIA
FIREPLACE   STOCKING
GINGERBREAD   TINSEL

Christmas Word Search for Adults#83

```
F  J  Q  R  A  E  O  N  Y  N  E  M  R  D  K  D  G  J
G  J  T  P  D  V  D  P  U  G  D  P  M  X  A  B  Q  O
E  E  W  D  A  Z  Z  K  G  C  Z  P  V  Z  S  P  K  X
N  M  J  K  J  E  X  N  T  S  P  I  W  A  B  N  C  V
B  Y  J  L  F  D  O  B  Z  R  W  G  L  S  X  K  R  W
F  N  R  F  A  G  C  E  U  E  U  I  Y  G  S  K  A  Z
S  Q  Q  S  L  U  B  B  I  L  R  J  P  O  B  B  N  Y
R  I  B  T  N  V  V  W  B  O  E  H  L  T  Q  O  B  C
V  A  Q  R  G  O  E  P  W  R  C  A  T  E  Z  G  E  W
W  H  R  Z  Z  W  W  X  V  A  M  B  E  H  X  C  R  U
T  C  M  O  I  V  Q  M  K  C  A  U  S  D  X  P  R  E
R  I  L  X  V  P  W  N  A  L  A  A  N  M  M  O  Y  J
U  R  S  N  U  R  S  A  Z  N  Y  G  I  N  X  H  A  Z
E  W  I  D  N  H  B  Q  M  P  P  T  R  D  Y  S  Z  V
V  S  F  L  B  D  E  L  S  K  G  T  G  T  T  K  I  Q
Q  N  B  O  Y  P  I  H  O  L  L  Y  H  Z  N  R  M  K
Y  Z  D  Y  L  I  G  H  T  S  I  O  U  H  O  O  A  R
Q  I  A  G  G  F  C  P  C  N  N  B  S  W  P  W  U  K
```

CAROLERS   LIGHTS
CRANBERRY   SLED
EGGNOG   SNOWMAN
HOLLY   WORKSHOP

Christmas Word Search for Adults#84

```
R O A S T O I O G E Q S P M X U W B
Y Q H B V C G L L A O T A E W O S X
V Y S D F K K C M K A R J X I T Z G
G W H I Z T I L S Y A U A X L T B M
Q M R P N C A T N X C F M V X C E D
L Z T Q I O N O Q P Y Q A F F Q C Y
M U S O I E H C H F T O S G M X Q H
Y S S F S S D E P F E B X Z H M O U
C Q E E V E N Z I K L Q B K J Q U U
U K R I N P M O N G S U B Y N Q A T
X P P S K P L X W O T P I T X I N R
B D X A N O A F B F R C P H B C J U
C V S E S U O H D C L T M V U W R Q
L O V W S L W C G Z J A H F W W F Q
E Q U V S F M H T O A K K P S D A A
K R G N T K T N F E J U A E O K R R
M O I Q E O S O C K S N I I Z L V N
P K I D Y V K F Y Z S S W E C P E U
```

COOKIES   PRESENTS
ICICLE   ROAST
NORTH POLE   SNOWFLAKE
PAJAMAS   SOCKS

Christmas Word Search for Adults#85

```
P W I O M S A C A G A N H M F Z L U
W Y E R K T Z D X K G D O T H U Z L
Z U K Z I U R Z I W H U Y T Y P I P
E M H D Q N S V N I G J S R R C K G
Y R O V T T G W B V J N C E S B O O
L F P U L S R G E D W S I B X C W U
I L Y S Y E H Q C E V L Y M L F M S
U A X B L H L U K I T Q M E R T R I
K P C N Y C Z Q Y Y G S E C L A T Y
W I X X S T K R L A U J Z E C E W E
O A T A L H P L R J F V J D N S N K
P Q I V T H O L X N J R R I J X C N
G M K A C J A Z K P G E B R I D F O
L U D C Q N Y Q V Y O F E O H P L D
D A U M D P Q F P A P S L A U L A Q
M U V R A R O I T W E K U K G F A S
A P C N U R R J J Y K U Y V N I Z W
W O K S F G S E K N U W H W I D X J
```

CHESTNUTS   JOLLY
DECEMBER   SWEETS
DONKEY   WARMING
GARLAND   YULE

Christmas Word Search for Adults#86

```
G Y B G E G R A T I T U D E B R L G
I O W U L K S B T R T E F Z M J Z E
X E C X C I A E C K H L B F N R A K
H Q V X X P V C Y O Z V O N R Q X A
S A H O X X X I T A P D J J P W S Y
B U U Q D J P T Y I S S L F Q I K J
O R O C D E C J S Y U G A F J S C F
Q H P T D I L G Z H O R D Z Q E K T
J E Q V W Z X T H A E H F D S M H S
F L K B K R W H R P J P C O V E C H
J L M N E N H B C U N C H N F N Q U
H I F V D X H A H J T G M E H F U R
I T L E D A N E R E S Y F W R Y U I
K I S A A D O W U R K J C N Q D G Y
S G R D J X R Y N O E Y R J L O S I
X G I O C A B A N U X K V V M K L G
F B L G K Z C A W P A C E N X U V E
D F I S E Z Y U L E T I D E T C R Y
```

FRUITCAKE   SILVER
GRATITUDE   TURTLEDOVE
SERENADE   WISE MEN
SHEPHERDS   YULETIDE

Christmas Word Search for Adults#87

```
F X N O D N V E S N L V B E T X L T
H E V P C P Z T G T S X A D S B B G
G U V F P V I P E S M R U N A X E O
P M O J P B H N W E M K B F O J L V
Z X P K D Y E Q C G H K L F T V O K
U B M I N R S H H A K K E Q I V Z T
B A T L C M X G Z S V W Q D D K E R
Z N V O Q E U S E U S O J F P L T G
F N G X I F L S F A X M X S K K I G
I K E N A S Q E O S D L L O D L D V
P Z J R I B J L B H X F L R W Z I N
Q Z T A C H O M D R F U B Q R L N V
A L I E U I S W F N A T H L E R G V
I M W U C F F I T Q J T O O Z H S C
R N C H Y H Z N W I R B E N E K V J
S I C P I W G S Z R E Q K O J T D N
B S L Q S A E N A A D I U W H D Q D
R D I E Q L X J C R Q W W Y L F B L
```

BAUBLE   TIDBITS
BOWTIE   TIDINGS
CELEBRATE   TOAST
SAUSAGES   WISHING

Christmas Word Search for Adults#88

```
M  I  S  L  L  E  B  E  L  G  N  I  J  E  D  O  D  F
J  N  Y  L  D  Q  R  V  R  E  H  N  Q  U  D  Y  V  G
G  Z  B  H  I  E  F  S  I  R  U  I  O  R  J  K  U  D
N  Y  P  M  L  P  L  Z  S  K  P  R  A  E  D  Q  A  J
B  T  X  F  L  O  P  L  S  D  I  Z  A  F  I  D  B  C
M  D  F  Z  R  S  T  E  Q  L  Z  C  R  S  Z  Y  D  B
T  U  E  A  X  F  K  D  R  I  J  K  N  P  D  L  E  T
M  E  C  I  C  Z  Q  L  L  S  L  E  S  H  I  U  E  S
D  Z  Q  W  U  N  M  B  Y  D  T  Y  Q  F  K  X  V  J
Q  O  V  W  P  I  Z  X  A  T  D  W  H  P  R  M  J  E
Q  G  Q  Z  U  N  V  I  I  F  L  O  U  U  X  F  J  F
D  O  H  A  D  H  B  M  K  B  B  N  H  V  A  H  C  M
A  U  D  W  D  B  A  V  V  Q  A  S  W  X  F  W  L  R
D  R  Q  U  I  J  D  W  X  O  M  O  C  O  W  N  W  V
P  P  P  R  N  K  N  D  D  F  K  W  E  C  V  V  A  R
F  R  Q  P  G  Q  J  O  Z  I  C  B  E  B  H  I  B  V
Q  Q  M  K  H  J  U  N  A  G  N  U  G  L  U  R  I  U
T  I  M  J  M  T  S  L  C  L  M  D  R  U  C  Y  H  G
```

BLIZZARD
CAROLS
JINGLE BELLS
MITTENS

MUFFLER
PUDDING
SLIPPERS
SNOWY

Christmas Word Search for Adults#89

```
Y C V F A E G S W D G K G E N P E L
L D I L Z T E W W S Q L N P Z A N Z
K L R G K K Z U U M D E O D E D S G
F O O P A I M A K N B U N Q S X I T
Z C K V H M C S A E Z R N V Y J M B
J P K S B G V R L A J G F M V L N B
N A F D S Q U L J O I T T S T H K S
Z Q M T L F S O P H O G D P M Q O D
N B K J K O M R B P L J N H K S A G
H B G I W I G P P I Q B T D T T V O
X P Q O C E I E S B D Y N Q P Y Y S
D I B X A U R T Y B D O U R Y P I U
R D M J O A E Q V J M F D D Y Z X O
H T W O D N D T W A Y T M S D U F T
C P C O Z E V K N X N N M I M H E N
I W W I N K Z N D O W Z J E B K L M
C D M L J M I G Y P S K U C F S M R
N D L P I C Y K B N Z M S Z E Z Z I
```

BELLS   GOLD
BOUGH   MAGIC
CINNAMON   TOPPER
GLISTEN   WINK

Christmas Word Search for Adults#90

```
F O H U Q D S T C Q V S F N U X B U
H E V F I A R Q S S M S P F U M B U
D T L P U X I G U Q R Z J A Q Y K W
G W U T Q F W N M Z B L G A R W T M
M C T E M O C P Z U E L R U U K O I
T X B V M K Q T Z V U Y N W J C L Y
B E T H L E H E M H R Z X Y W X C E
D V G W X X G B P E A G O F G V F I
O F W P H G V L N S M T P M G D U D
D M C W M L O N P V V M D O Y F N U
F A K H Z D O D N C B Q N L P E A F
B S G C U D G N I K A B O O Y V Z M
X P Y R F Z P B I E G L A H I V Z H
F G J U J X J T F N Q I L Z C Q R N
B D N P S S F R Y I U W E F G B S D
C Z F K N C J M H P Y F V G N I A U
I J X W S X E G I G M R V E G W S P
L O K Q E K J M I B G M Z H Y N U J
```

BAKING   DONNER
BETHLEHEM   PINE
COMET   RUDOLPH
CUPID   SPARKLE

Christmas Word Search for Adults#91

```
U  K  C  Q  F  L  M  A  C  S  A  U  E  W  O  U  Q  R
U  W  R  E  A  T  H  S  Y  T  Z  W  S  J  U  X  H  J
Z  T  O  P  C  W  M  D  R  Z  X  N  F  O  X  H  G  H
X  N  F  L  Y  Z  S  A  D  Q  O  V  B  Y  I  I  E  U
X  J  W  T  Y  F  D  I  K  W  U  D  L  F  F  V  P  R
I  B  B  Y  D  I  C  I  F  V  C  K  S  U  X  Z  W  H
E  L  A  C  T  I  T  A  W  T  Z  R  P  L  W  A  O  M
T  J  O  I  C  Z  L  O  D  E  W  F  R  O  S  T  F  C
X  M  O  L  M  L  E  D  H  P  U  I  F  B  I  B  B  R
K  N  E  J  O  U  G  B  W  V  M  F  N  T  J  B  R  G
S  S  C  R  Q  X  W  G  Q  M  S  A  V  K  Y  I  Y  J
F  F  U  L  I  L  B  Q  U  J  R  O  X  E  L  Z  B  A
L  J  C  R  C  O  J  N  E  C  F  A  T  Q  S  E  W  K
X  S  I  J  B  O  O  H  T  S  Z  I  V  C  E  M  S  M
C  S  C  Q  V  R  Y  M  S  M  M  I  Z  I  G  F  Y  O
Q  E  M  I  T  B  C  N  Y  Z  O  O  O  M  E  D  N  N
V  T  A  E  O  Q  P  X  H  L  V  T  G  D  L  F  L  I
W  L  E  Q  X  F  F  B  U  Q  L  O  W  R  X  A  K  J
```

FROST   SNOWFALL
ICICLES   TRADITIONS
JOVIAL   TWINKLE
JOYFUL   WREATHS

Christmas Word Search for Adults#92

```
Z  B  A  G  H  V  D  I  V  W  C  I  V  F  I  B  R  H
Y  J  F  D  N  G  N  I  T  E  E  R  G  O  F  W  P  Q
Z  F  T  S  G  H  N  G  K  W  P  V  K  B  V  C  Z  D
W  V  R  R  V  M  E  R  R  Y  G  F  B  N  A  T  C  C
K  F  C  J  A  K  W  K  S  B  T  C  L  T  S  K  A  C
E  Q  Y  Z  C  D  M  V  R  G  A  K  W  A  I  J  D  Z
B  J  X  H  M  J  I  S  X  R  U  Y  E  X  O  H  J  A
V  V  C  L  F  A  Q  T  O  G  Q  F  I  L  G  N  O  I
Y  F  W  Z  K  O  W  L  I  Y  N  S  O  H  Y  I  L  B
B  Z  J  G  V  H  I  M  H  O  P  W  R  K  K  I  A  H
C  I  K  M  E  N  C  A  D  Z  N  D  V  Y  V  C  M  T
O  Q  X  D  G  E  L  N  U  S  R  B  X  G  L  J  H  V
C  Q  S  J  B  L  E  G  E  E  K  A  G  B  L  L  O  S
D  E  C  O  R  A  T  E  N  W  F  B  Y  Z  O  C  C  Q
O  I  D  V  F  Y  M  R  I  N  R  W  H  O  V  N  D  L
B  S  Y  G  G  C  F  G  M  Y  L  O  F  R  U  N  D  H
A  D  P  I  I  F  G  W  V  D  T  X  U  B  P  M  H  J
O  O  I  V  I  A  A  D  G  M  A  V  A  O  E  V  R  H
```

CAROLING	GREETING
COZY	MANGER
DECORATE	MERRY
FEAST	TRADITION

Christmas Word Search for Adults#93

```
V N U T M E G L K Z L O S S R P M A
M Q V J V U V U H W L F T R U B G G
Q S T N E M A N R O I A Z G T C T A
V O W V P T X F E Q R Q A T X J N G
A X H T S Q D Y T L M K N Y Z O E W
X D Y H G Q I P I D W E J D J G U H
E E E Z R T O G R E E U X C M U V P
K F I G G Y H Y Y R L L I O S Z S N
B P V H K T M G G G N I P P A R W J
F T N T Z B V R I H Y G Z L Q C V C
G Q G Q K P E N X L Y Y C Y P O E V
Z E U G Q V H N X R E I A S G I N F
R Z I I E L W R R G U L B B D U D J
L I L F B G I V T S N S D C K Z L D
V U A W Q E G K D E Q E V N V J W U
Q S R R T F M R H E H N P H A H I T
X C G S Z S E L D N A C E U Y C H I
Y O H B R Q R G G T A V H F C N L M
```

CANDLELIGHT   NUTMEG
CANDLES   ORNAMENTS
EVERGREEN   STARLIGHT
FIGGY   WRAPPING

Christmas Word Search for Adults#94

```
L G D K A K N U T Z E G R D D J Y O
T W B M N M P D P U B R F J I O A X
X P F E S R U E O U X N C W V X C U
L D I A P H A S N O W S H O E S P A
L D P D M C N P E G L G P Y X W R S
N F T S E I J C V X W C N L Q I A I
Y I K B Z Z L K A G H U I S P N G C
O M W B N K T Y O C N B N N M T R T
H D Q N G M F H G I P O J U L E O T
W U S I M V W M E I W E H P L R A Z
B S U K P T H Y A B N T N B Y T I H
C A J W Z S K K A J N G C S N I N O
P Q U R K V G L M E D K E V A M Q T
U Z X B B U L L X O H T Z R M E Q C
X Z N A L L E A H S Y N J R W X T O
Y H L A F E B F L E V G M S L V D C
I I A Z W P S N G K Y J V I A U A O
Z Q M W U F C L S X T W G K X S E A
```

BAUBLES
FAMILY
GINGER
HOT COCOA.

PEACE
SNOWBALL
SNOWSHOES
WINTERTIME

Christmas Word Search for Adults#95

```
Z T O V L R F A C J V I T P L L Q R
V N K J K O M I A O G V G J E T G T
R S Q E S M J Q X J T T O K E N W K
B F A S V H W Y T I R A H C I N H O
Z L I Q N N E F J H L B X W L Q S G
A U C X K A F P L F X B O W Z U O H
K E B W A C T E H V N L V E K T F E
O M Z P Y V I I P E G X D W E E W Z
A C Y G S V A L V R R I M L G C E V
P A Z L K A Q F I I R D B R F A Y L
L M B I Y L C I M H T C O X B N C X
E F J T D P C T G P F Y P Y M D Z U
J Z A T G O G I V G Q K S R F Y P T
I U V E P D E N P Z F U B C Y C I O
F W Y R L L U Y J O G J H I E A N U
N J W A S T F O X W W J P H I N C G
G E H A T S U G A R P L U M G E E G
I J B P E Y F T T Z L O K I K I E M
```

CANDY CANE   NATIVITY SCENE
CHARITY   SHEPHERD
GLITTER   SLEIGH RIDE
GLOWING   SUGARPLUM

Christmas Word Search for Adults#96

```
B  B  P  C  D  R  T  W  J  W  R  C  T  P  U  Q  D  N
R  O  Y  D  Z  U  S  A  M  C  U  T  V  I  F  G  O  J
O  V  D  R  D  X  G  J  Z  O  T  C  V  I  J  D  P  L
I  K  Q  Q  E  P  X  I  T  Z  E  E  O  S  F  V  I  X
X  C  F  P  U  T  Q  K  N  C  B  O  P  C  C  T  N  T
L  D  H  A  P  J  N  J  R  G  E  B  F  A  O  J  E  T
M  A  J  R  U  I  P  I  L  S  E  X  Z  R  R  A  C  I
L  R  I  T  J  F  U  M  W  N  N  R  H  F  P  I  O  O
P  R  J  R  A  G  B  X  U  G  N  O  S  F  B  L  N  P
X  Z  C  I  C  G  R  O  M  Y  X  P  W  N  V  D  E  M
Z  G  C  D  K  K  Z  E  P  X  F  D  Q  P  A  U  X  C
D  L  M  G  F  E  F  L  H  K  F  F  G  G  L  P  Y  V
C  C  F  E  R  T  I  S  G  P  U  B  M  B  J  O  R  A
M  N  U  J  O  O  M  B  P  I  F  N  M  F  R  E  W  X
Y  X  J  J  S  G  J  O  B  V  J  L  U  L  C  F  P  Q
W  T  M  H  T  R  T  G  T  W  V  S  W  H  X  U  M  M
T  O  R  R  E  T  F  V  N  H  A  Q  A  O  E  V  T  Y
K  K  Q  G  X  I  Z  G  T  S  F  B  A  G  U  N  N  W
```

COCOA   PINECONE
GINGER SNAP   SCARF
JACK FROST   SNOWPLOW
PARTRIDGE   WINTERY

Christmas Word Search for Adults#97

```
A F E G R E A L H A E A F Z L U N I
H X I S B A I S H E T T P C O L Y K
S W I G N S T I O J V W B K O P N J
V C C X G E A S R I Y R D T C X J P
S C R S P Y C N H M V Q L C Z C O F
I N A S T Q P N D T N E Q B E Z H U
D H N C A R C U I J R F J D G Y H R
F M B V R K G T D K S O T O Z E D K
X H E M T Z V W O D N U N Q Y E H G
Z Q R V A U U U V L I A C I U P R E
Z A R S O K G P Y L T N R Z L E I Z
N U I I G F X H U U K A G F E F E C
H E E V E T M K L P D P K T L J R Z
B U S F L W X F E M K Z I Z O M U P
A J M G U J L X C G I N Y H G H Z Y
F K H E Y Y W O A T G D K Z R A B O
U A Q C F J H Y T S T F D C I Q H Z
S N Z L P T J M Z L S K D L P A I Q
```

CRANBERRIES   NORTH STAR
FIGGY PUDDING   YULE CAT
FRANKINCENSE   YULE GOAT
GREETINGS   YULE LOG

Christmas Word Search for Adults#98

```
X N O Z E P A Z S T H P S L P P W A
N E C Z N B E S S L K J C D R H U I
I N M Q U F T E I U N P Y J Q H H T
Y N V K P I A M W L P R W H J C Q F
A X E P D A L I M S V Q V T Y A F V
G Z N M I A O Y Y O Y E X M R V H N
R I V X O L C M E O B E R S L R R Y
R U W R N X O L G X H W N B P W N P
W W M Q Y T H D W E P E A M E L H G
R T H I I X C B C S E T K S I L P S
O D K E O Q T I Y R R P Y S S H L D
N T A G U C O Z G E X S J S G A C S
J H C S K J H R E A S E T X Y E I U
E B D N E J E T J U K R H W O P X L
E N H R O V O O O W T W X X K D D O
Y G G Y E P F Y Q J U B B S N W J I
Z O U S S C O U T W U D A J P J R H
F A I P K J L M F T I D K M I I L Z
```

CHIMNEY SWEEP   REJOICE
EVERGREENS   SILVER BELLS
HOT CHOCOLATE   TREETOP
JOYOUS   WASSAIL

Christmas Word Search for Adults#99

```
Y R Y U Y S L E I G H B E L L S U N
O Y E S Q D V W U M A V I S E V L E
X C N R F K C R U G R S C U C C Y P
N Y B C V X Y A I R T T Y P D Z T Q
X G A B W Q B Q A E N U P Y W M V P
V M G J R N L I R E M M I X G I Y K
S Z Y Z E G X T D T F C K L T I V L
L Y L N P B L H H I S L W V P L L E
I N N C P D R T J N U K R I R E O L
V A M A A B D S G G T T S J B S M P
T P V N R F W A Y C E K I E C W Z G
I X G D W E W I O A D O L E J C F B
H R I Y Y E Z N W R T G K R C P C L
F V I D D J Z T V D N T C R B N I U
C S I I N V W N A I S C L S X F L E
N W J S A R M I J G H O E I S L P S
T P R H C D R C L J P U A C C T Z X
O O N Q T U S K K I O F X K E V G Y
```

CANDY DISH   JINGLE BELL
CANDY WRAPPER   SAINT NICK
ELVES   SLEIGH BELLS
GREETING CARD   TANNENBAUM

Christmas Word Search for Adults#100

```
G  S  V  D  C  Q  G  F  W  V  S  L  X  B  O  B  F  M
L  Q  Y  T  A  D  S  V  W  F  X  H  J  W  M  C  K  S
P  D  M  Y  A  D  G  P  D  D  A  O  G  P  Y  B  P  U
N  D  N  O  S  R  A  N  U  O  Y  Y  X  R  Z  R  X  G
Z  E  Y  K  C  X  S  E  E  V  C  O  S  G  E  O  P  A
O  N  Q  D  W  P  H  O  A  X  M  I  N  F  B  T  U  R
U  V  S  U  Y  S  H  G  U  O  B  I  F  E  B  U  V  C
F  R  H  N  X  H  G  G  T  U  M  U  H  D  Q  R  Y  O
V  I  N  S  O  Z  B  K  B  M  T  T  X  H  T  T  E  O
T  N  G  D  V  W  L  J  I  S  N  L  Y  K  S  L  U  K
B  K  L  Q  T  O  A  R  G  I  P  W  N  Q  B  E  O  I
R  T  I  M  H  S  T  N  K  F  X  E  A  C  M  N  M  E
M  V  M  F  D  G  I  C  G  T  N  I  O  Z  L  E  T  S
N  H  M  N  O  K  A  W  U  E  P  J  Q  Q  D  C  I  K
M  B  E  U  C  J  V  W  H  B  L  V  S  P  X  K  S  K
L  Q  R  O  T  Z  Y  S  W  P  L  L  H  H  J  C  V  P
M  C  T  Z  Y  H  X  R  K  G  Z  D  I  Z  D  R  R  Y
J  S  N  A  E  X  W  J  G  W  I  I  Q  O  W  D  K  G
```

BOUGHS   STOCKING STUFFER
GLIMMER   SUGAR COOKIES
JACK-IN-THE-BOX   TRIMMING
SNOW ANGEL   TURTLENECK

Chapter 2
ANSWERS

Christmas Word Search for Adults#1

Christmas Word Search for Adults#2

Christmas Word Search for Adults#3

Christmas Word Search for Adults#4

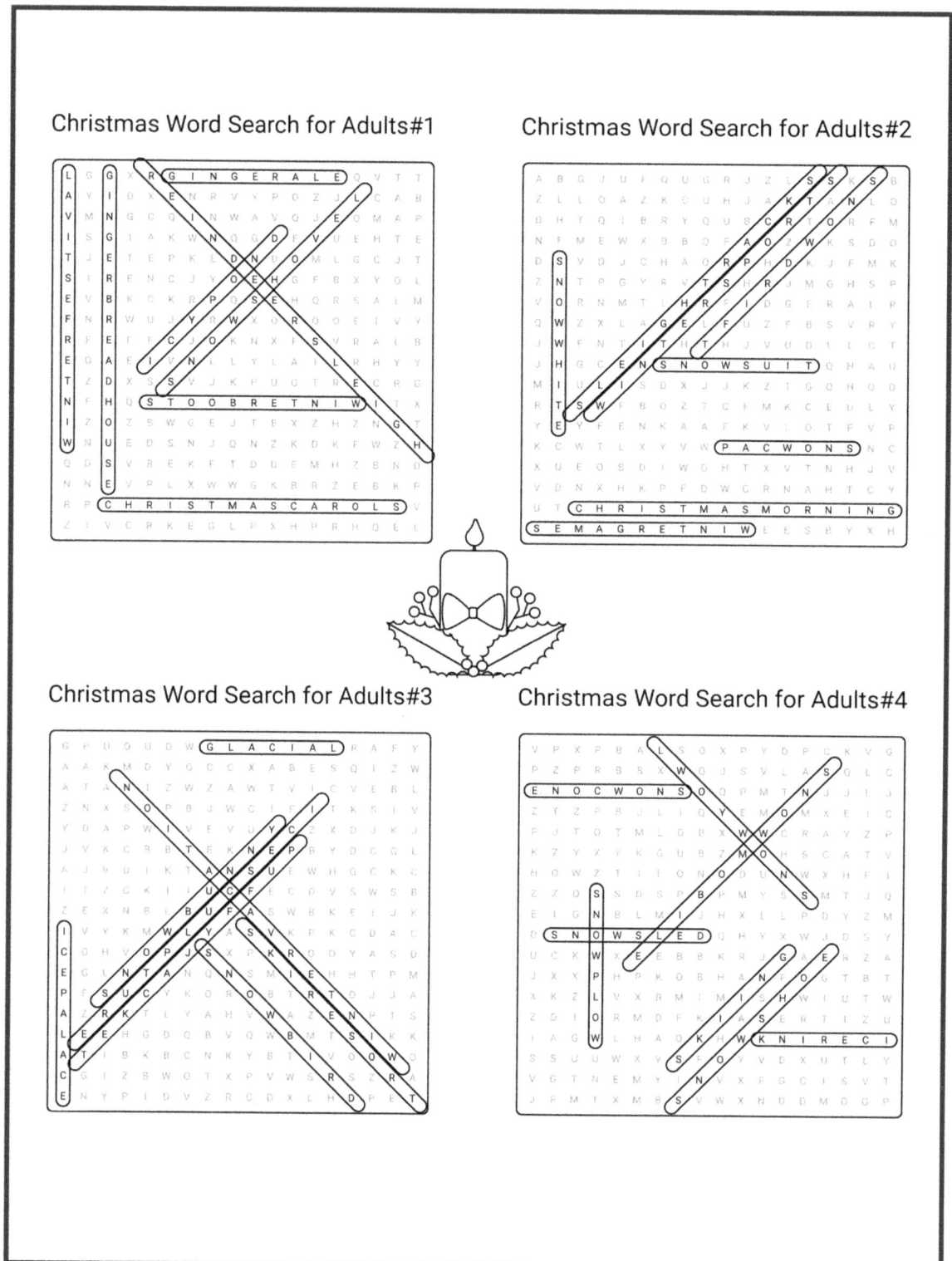

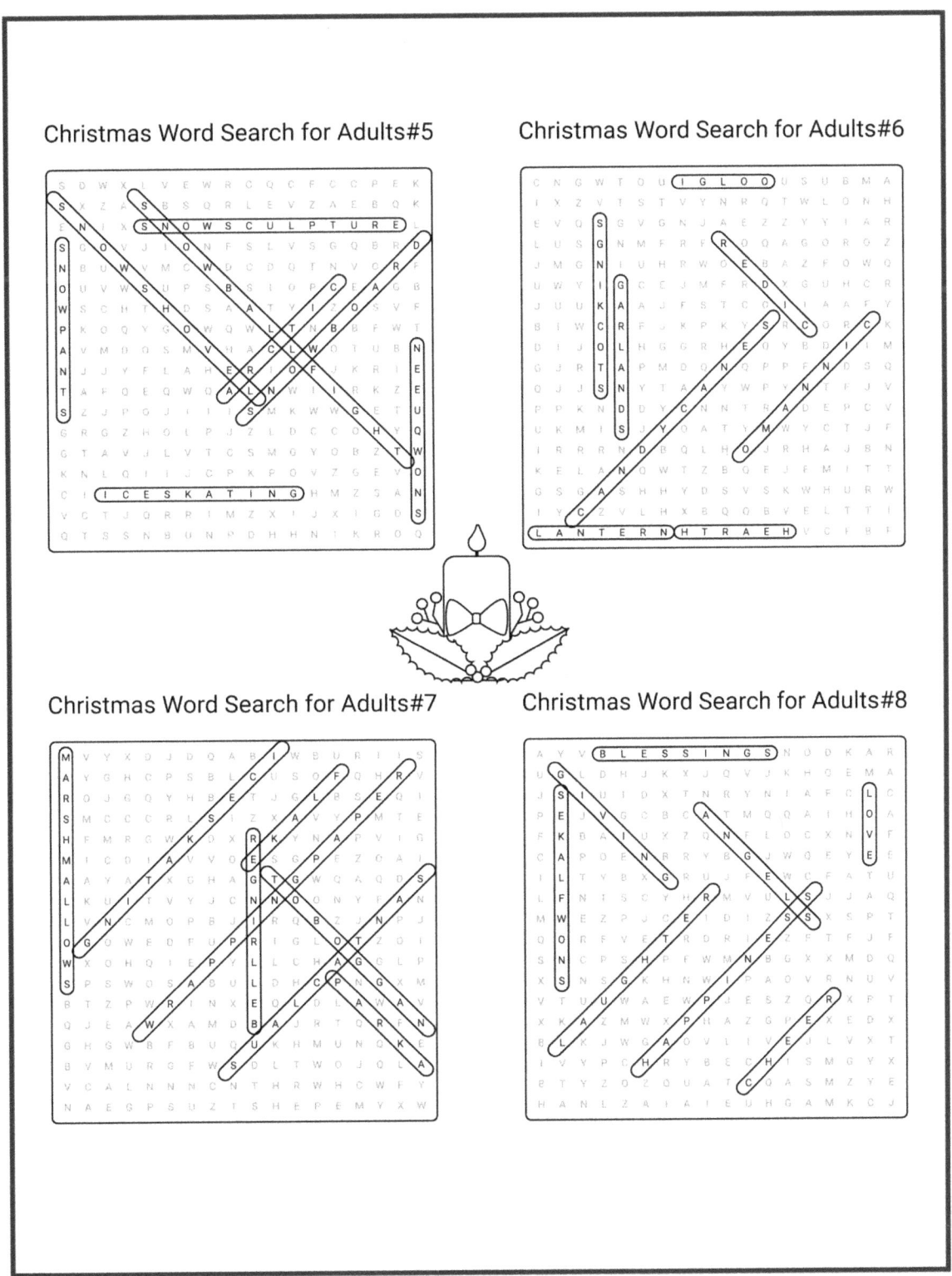

Christmas Word Search for Adults#5

Christmas Word Search for Adults#6

Christmas Word Search for Adults#7

Christmas Word Search for Adults#8

Christmas Word Search for Adults#9

Christmas Word Search for Adults#10

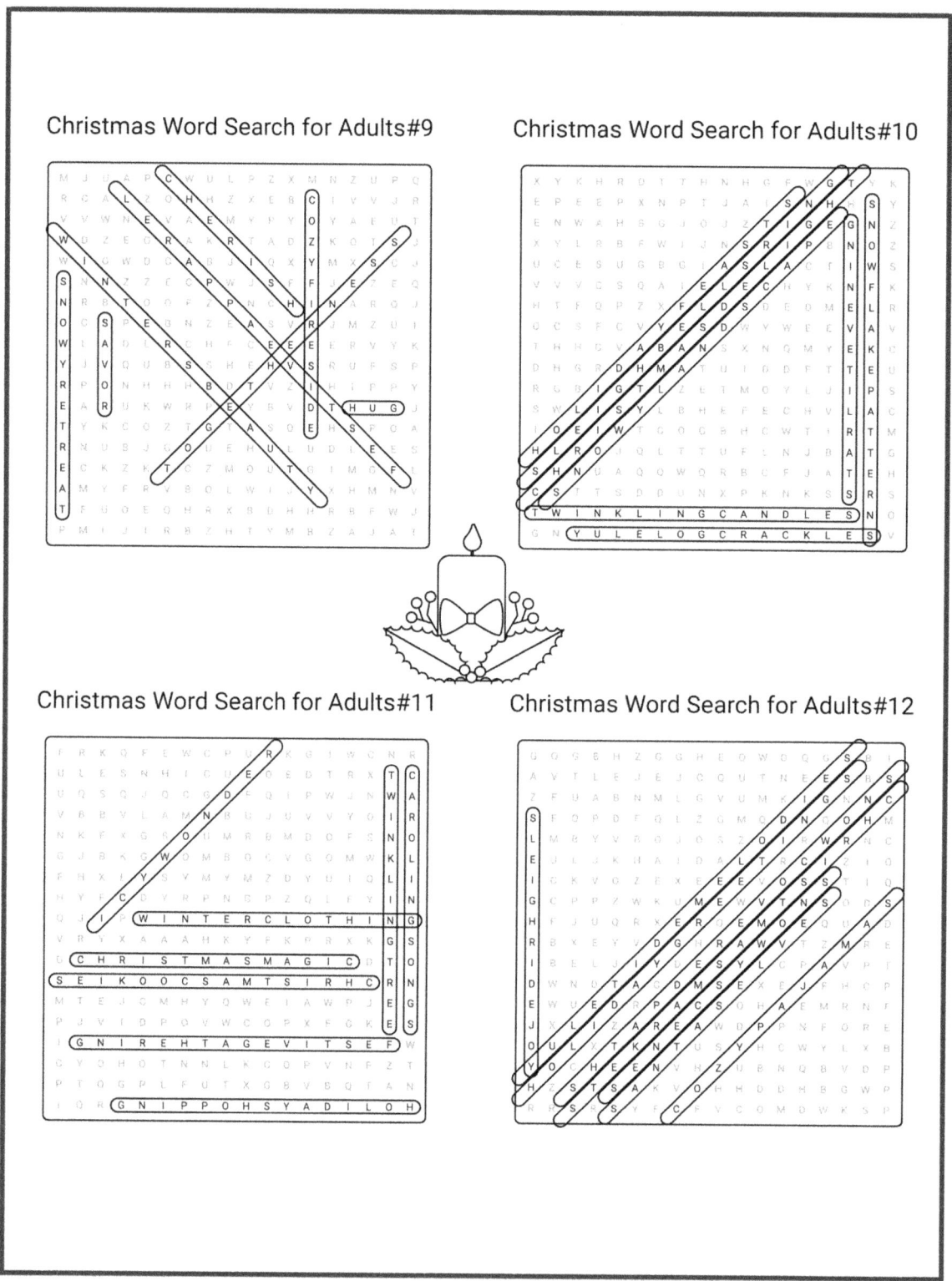

Christmas Word Search for Adults#11

Christmas Word Search for Adults#12

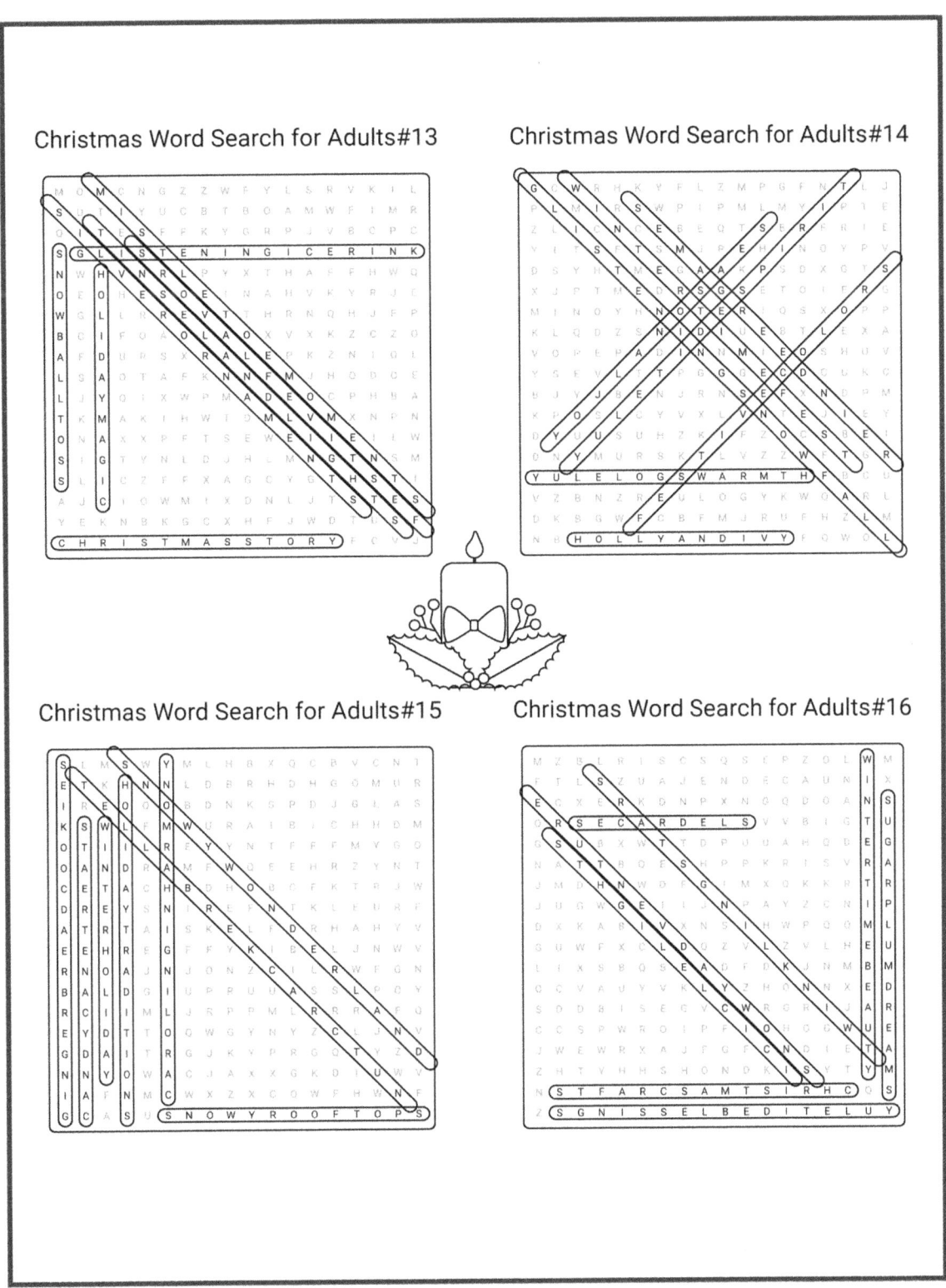

Christmas Word Search for Adults#13

Christmas Word Search for Adults#14

Christmas Word Search for Adults#15

Christmas Word Search for Adults#16

Christmas Word Search for Adults#17

Christmas Word Search for Adults#18

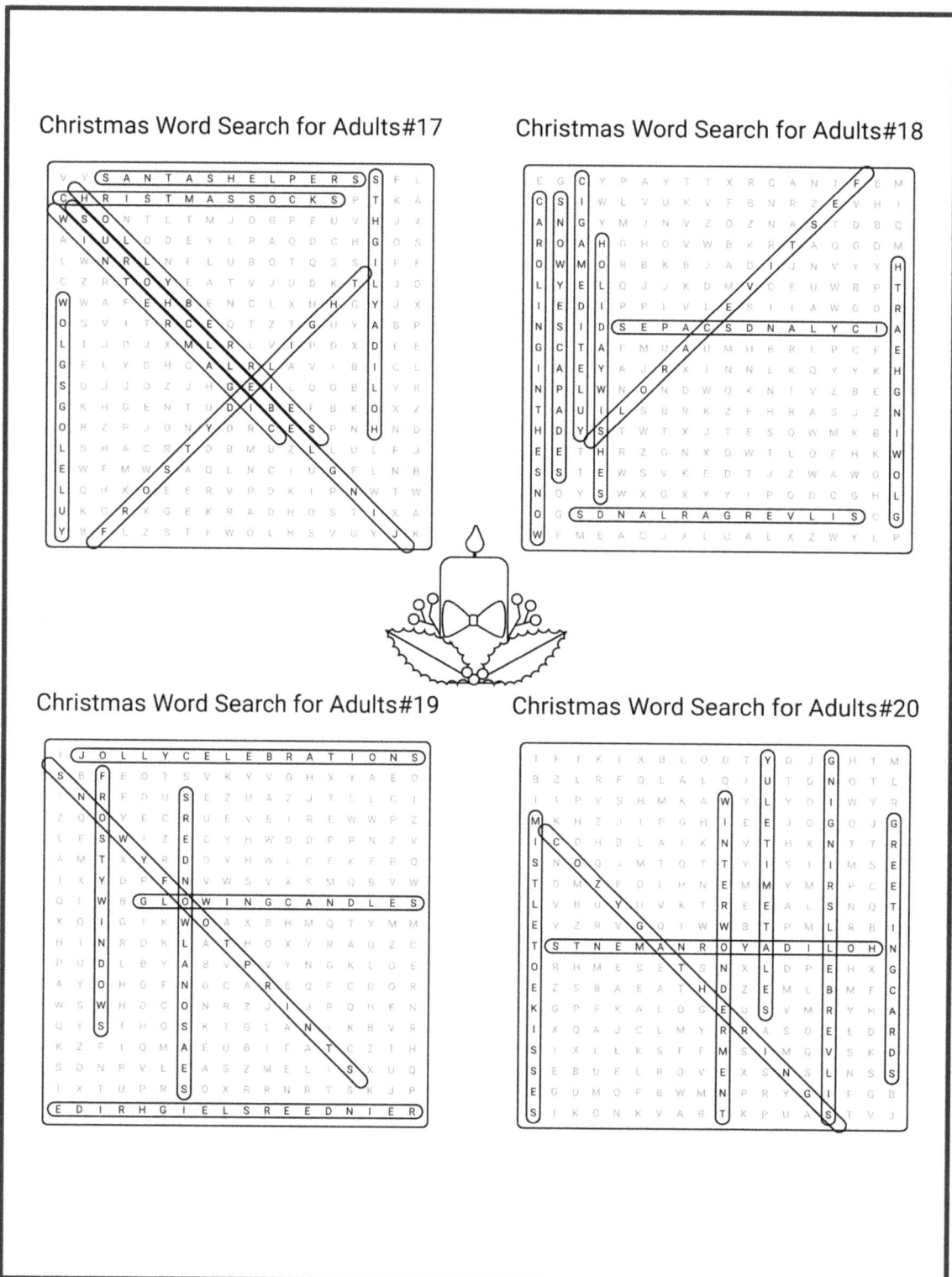

Christmas Word Search for Adults#19

Christmas Word Search for Adults#20

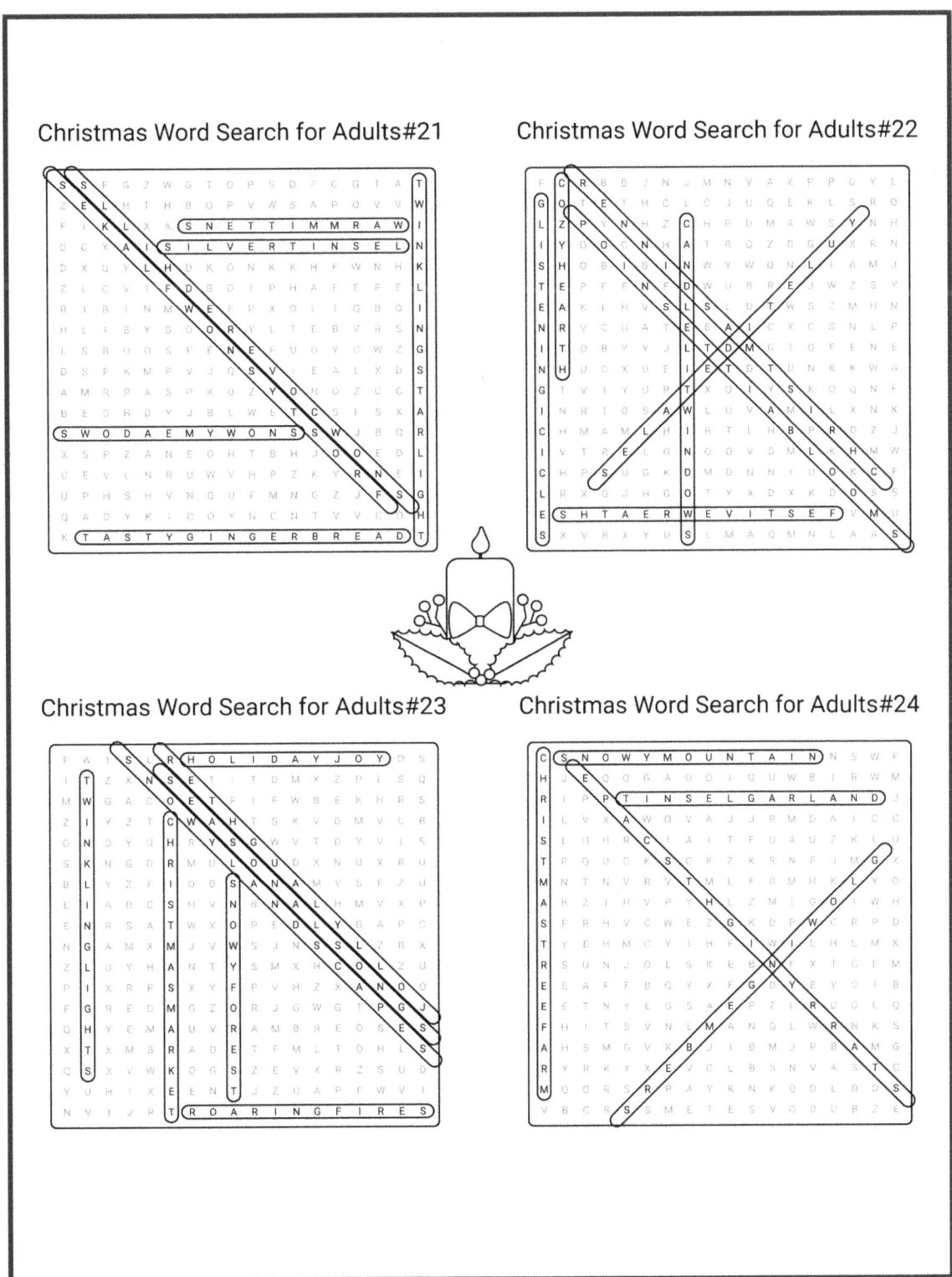

Christmas Word Search for Adults#21

Christmas Word Search for Adults#22

Christmas Word Search for Adults#23

Christmas Word Search for Adults#24

Christmas Word Search for Adults#25

Christmas Word Search for Adults#26

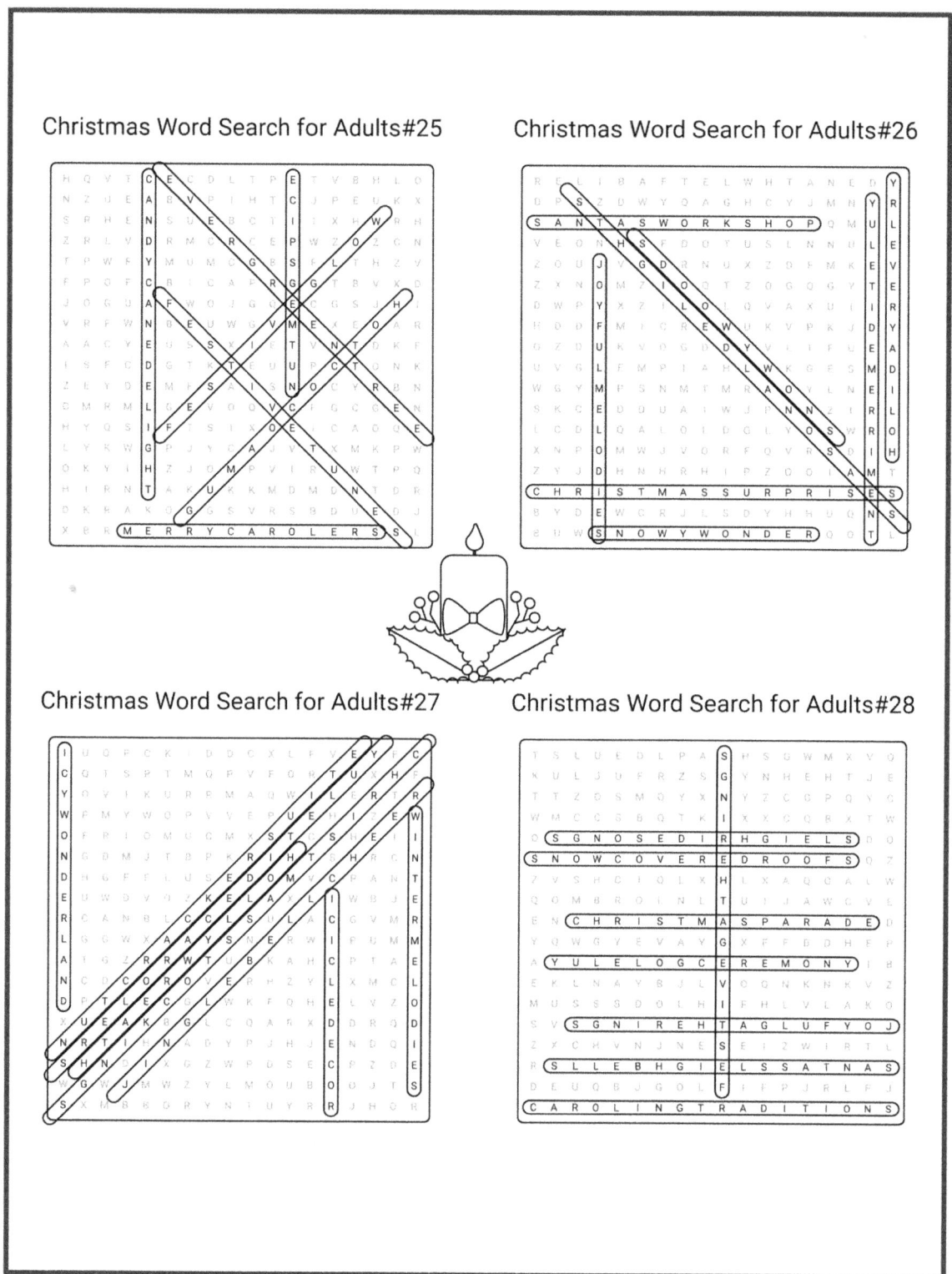

Christmas Word Search for Adults#27

Christmas Word Search for Adults#28

Christmas Word Search for Adults#29

Christmas Word Search for Adults#30

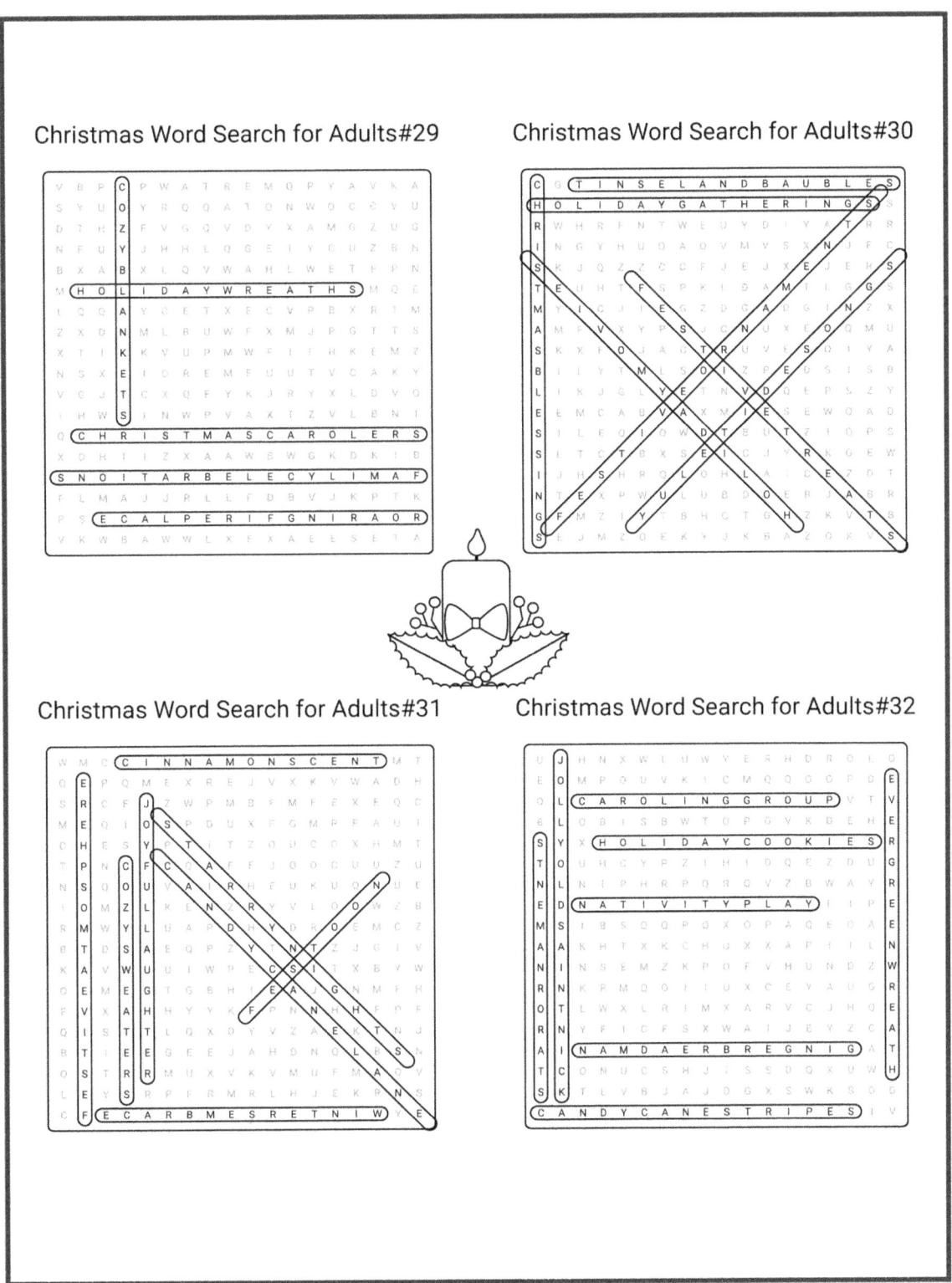

Christmas Word Search for Adults#31

Christmas Word Search for Adults#32

Christmas Word Search for Adults#33

Christmas Word Search for Adults#34

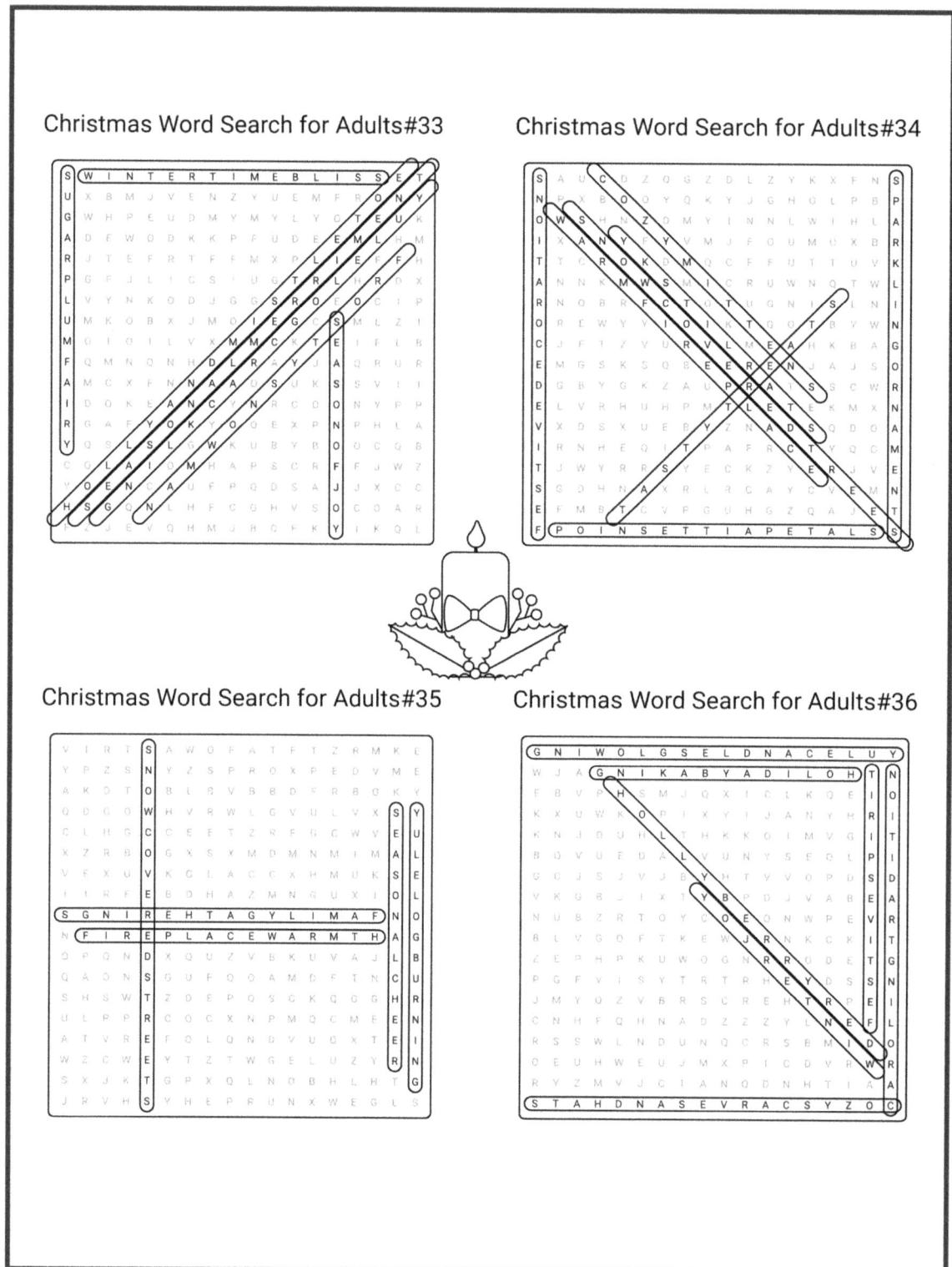

Christmas Word Search for Adults#35

Christmas Word Search for Adults#36

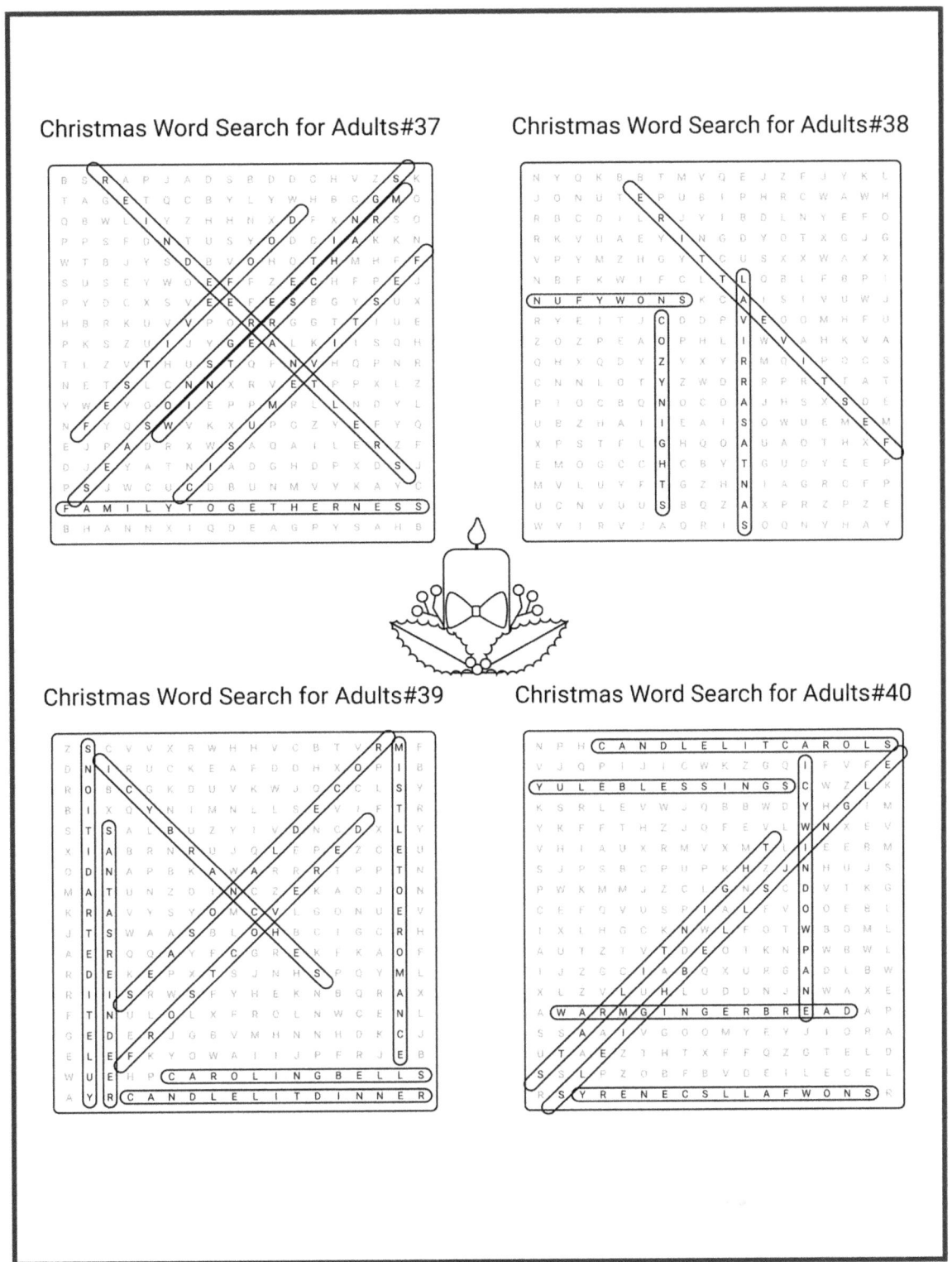

Christmas Word Search for Adults#37

Christmas Word Search for Adults#38

Christmas Word Search for Adults#39

Christmas Word Search for Adults#40

Christmas Word Search for Adults#41

Christmas Word Search for Adults#42

Christmas Word Search for Adults#43

Christmas Word Search for Adults#44

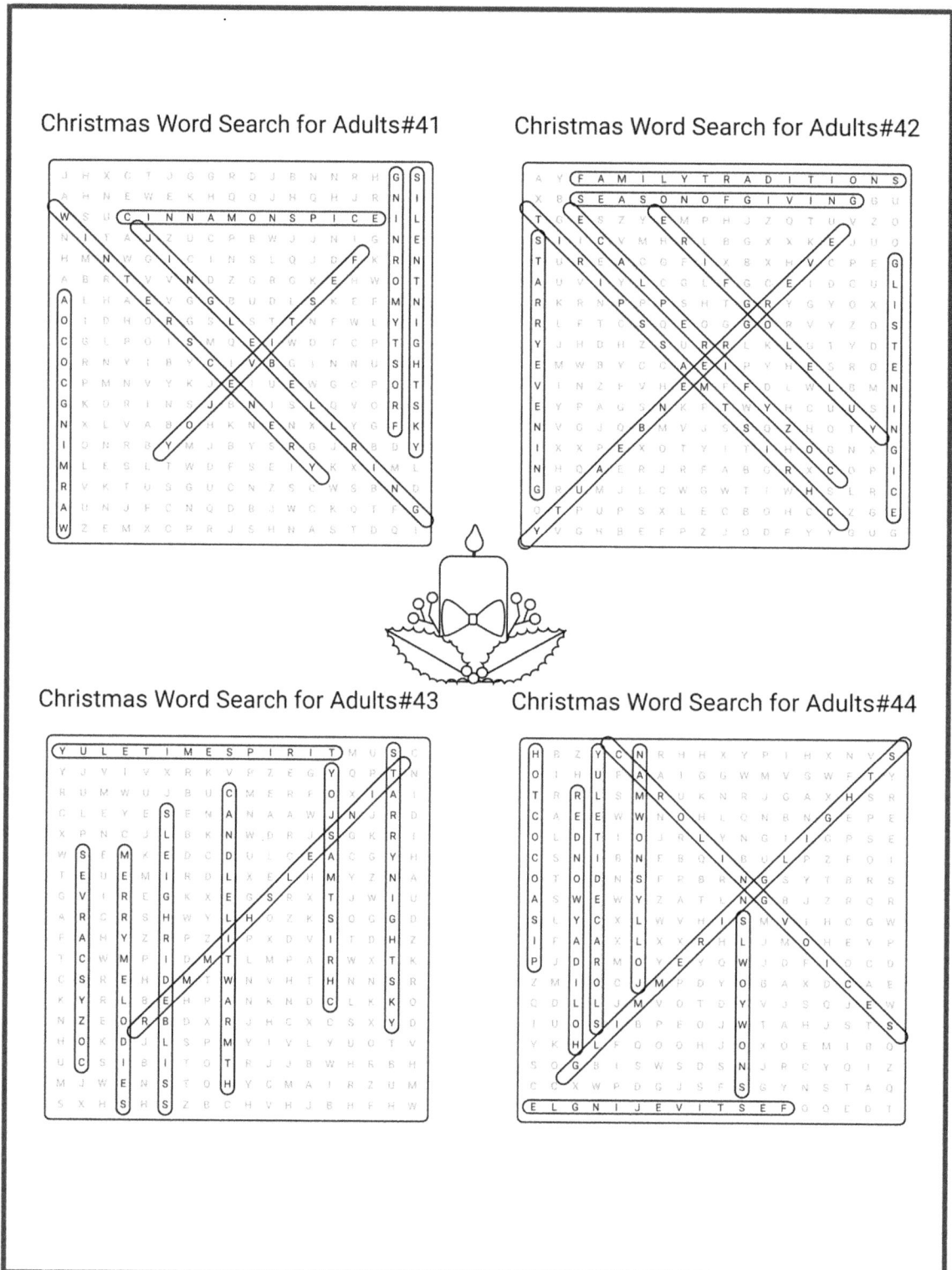

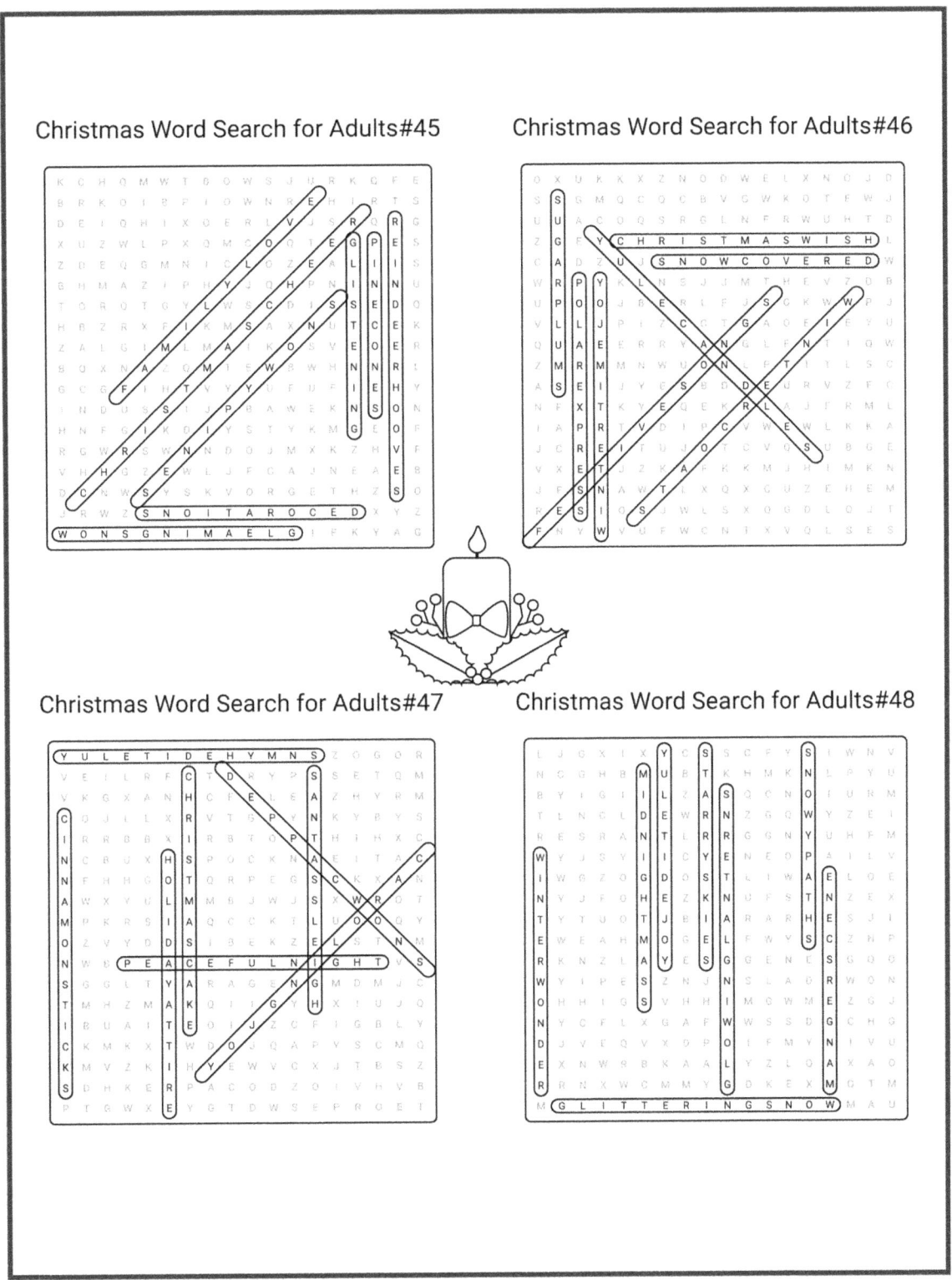

Christmas Word Search for Adults#45

Christmas Word Search for Adults#46

Christmas Word Search for Adults#47

Christmas Word Search for Adults#48

Christmas Word Search for Adults#49

Christmas Word Search for Adults#50

Christmas Word Search for Adults#51

Christmas Word Search for Adults#52

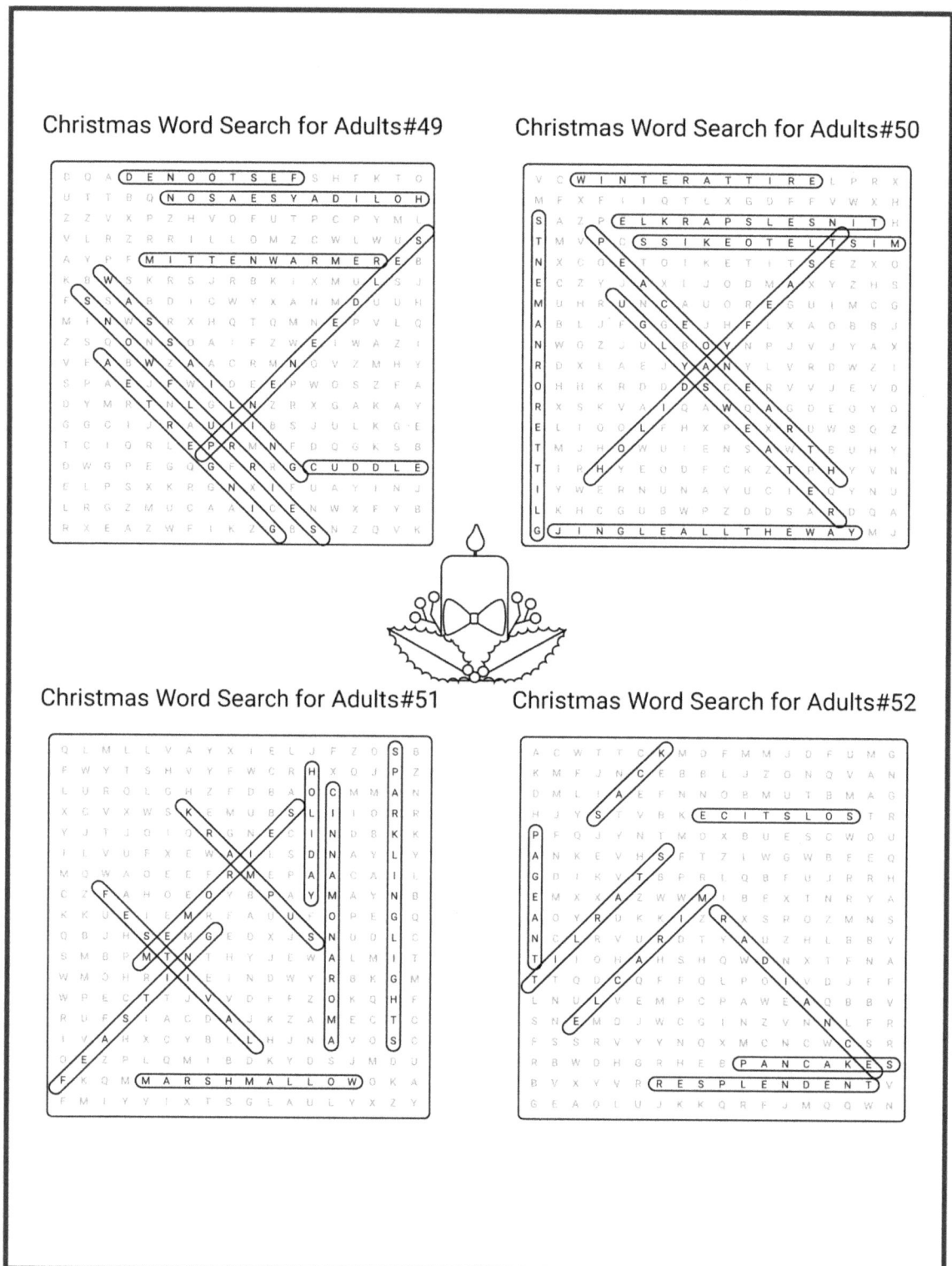

Christmas Word Search Large Print: A Festive Puzzle Book with Easy Christmas word searc...

Christmas Word Search for Adults#53

Christmas Word Search for Adults#54

Christmas Word Search for Adults#55

Christmas Word Search for Adults#56

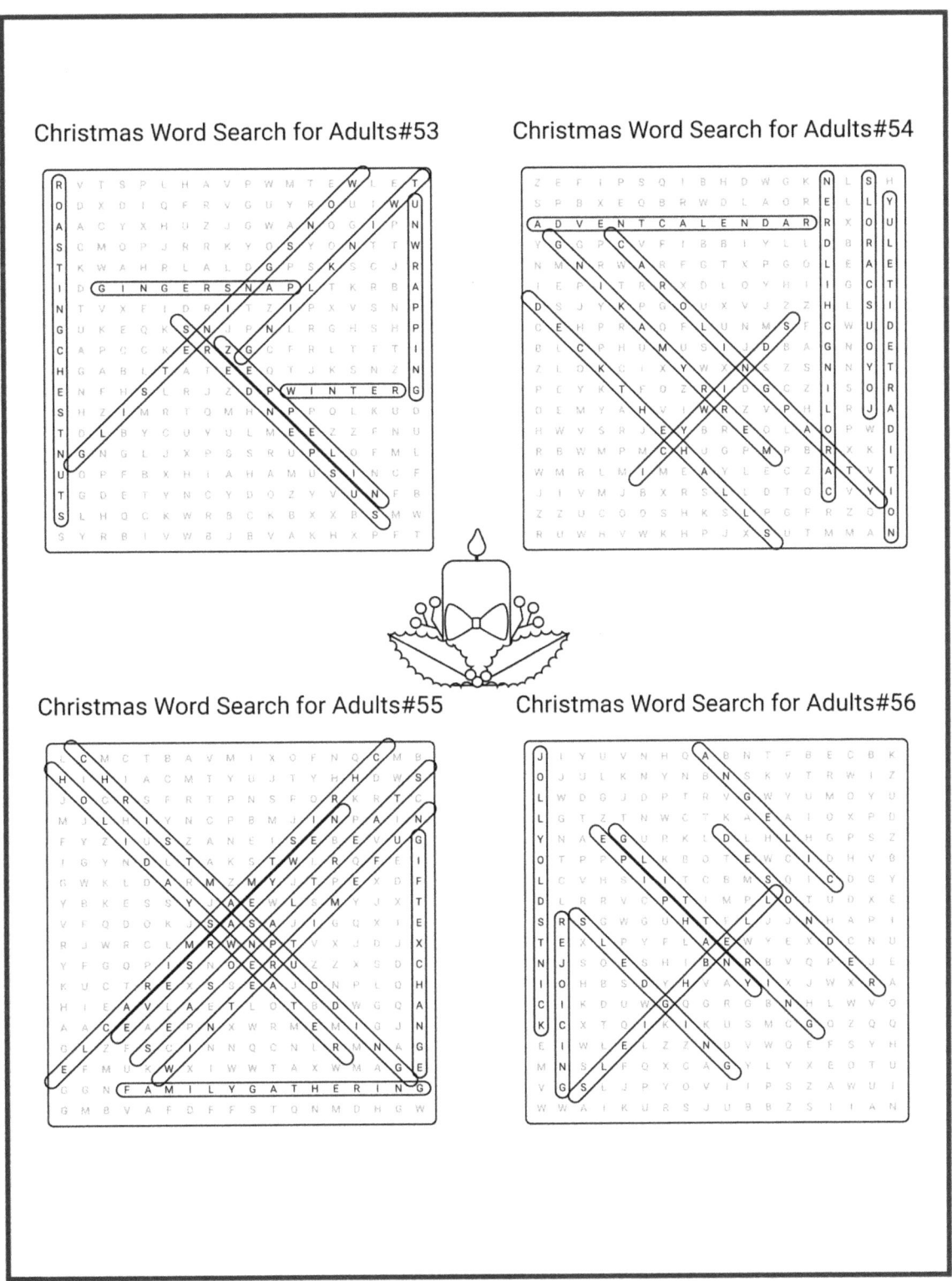

Christmas Word Search for Adults#57

Christmas Word Search for Adults#58

Christmas Word Search for Adults#59

Christmas Word Search for Adults#60

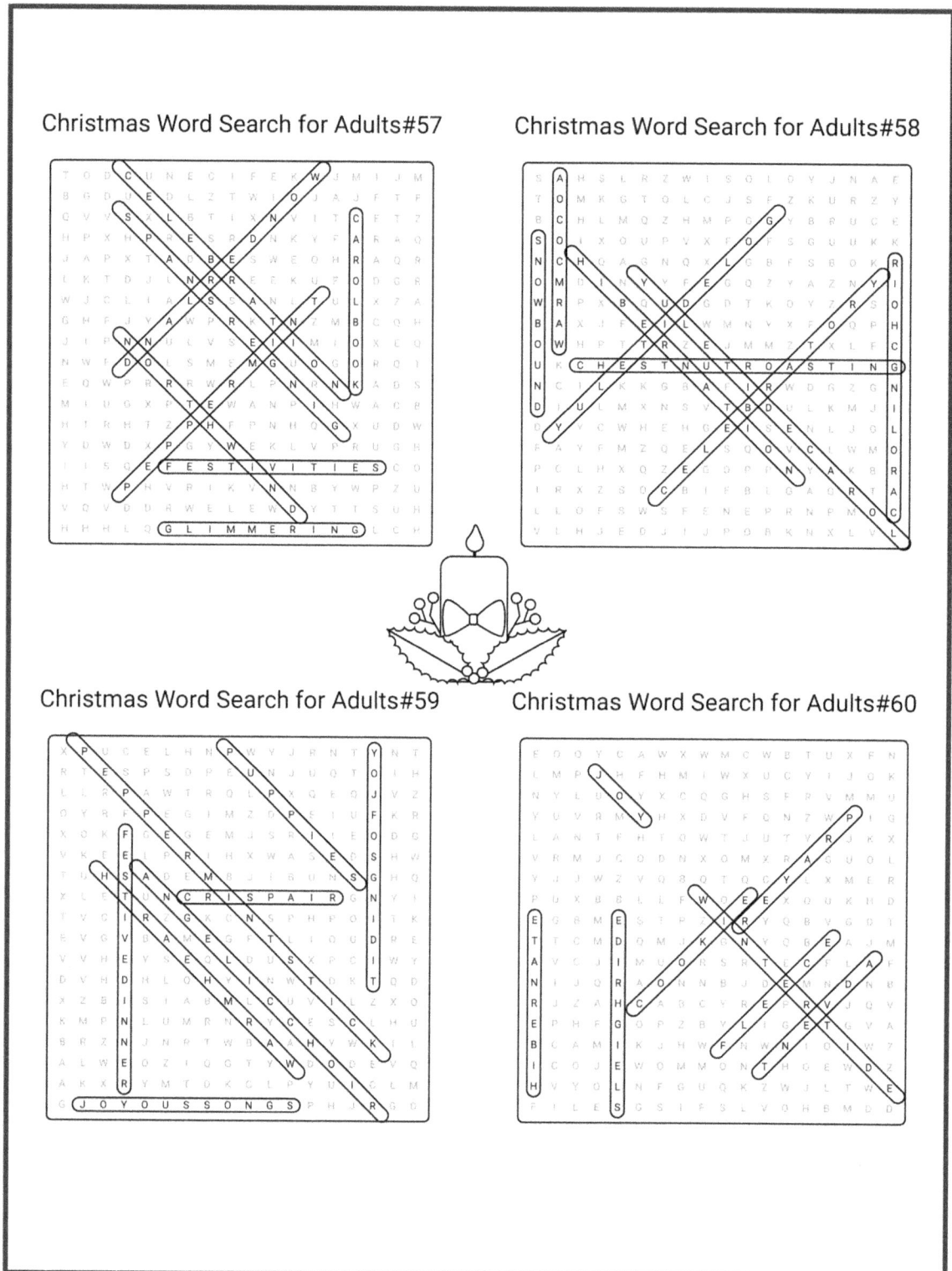

Christmas Word Search for Adults#61

Christmas Word Search for Adults#62

Christmas Word Search for Adults#63

Christmas Word Search for Adults#64

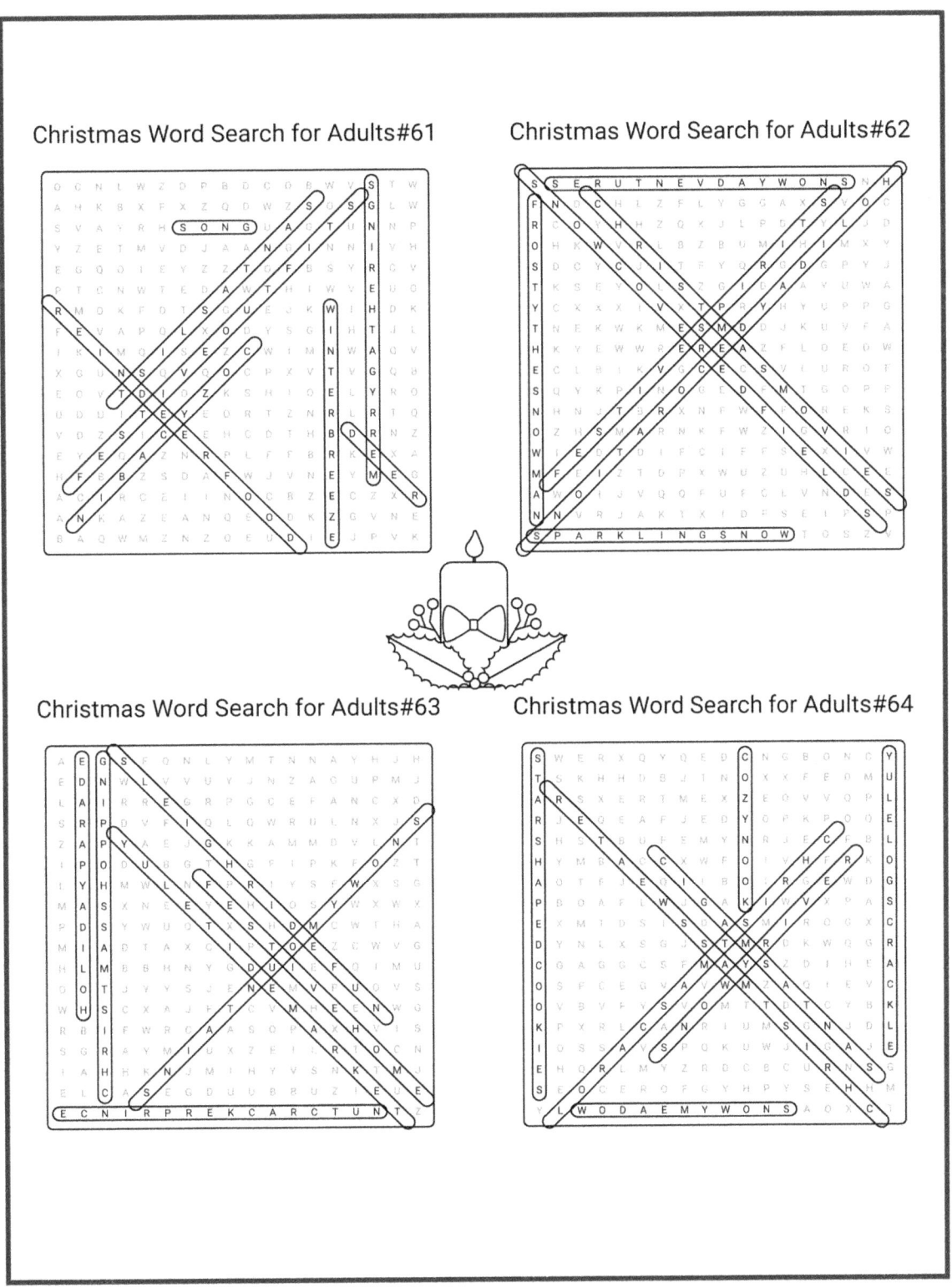

Holly Winters

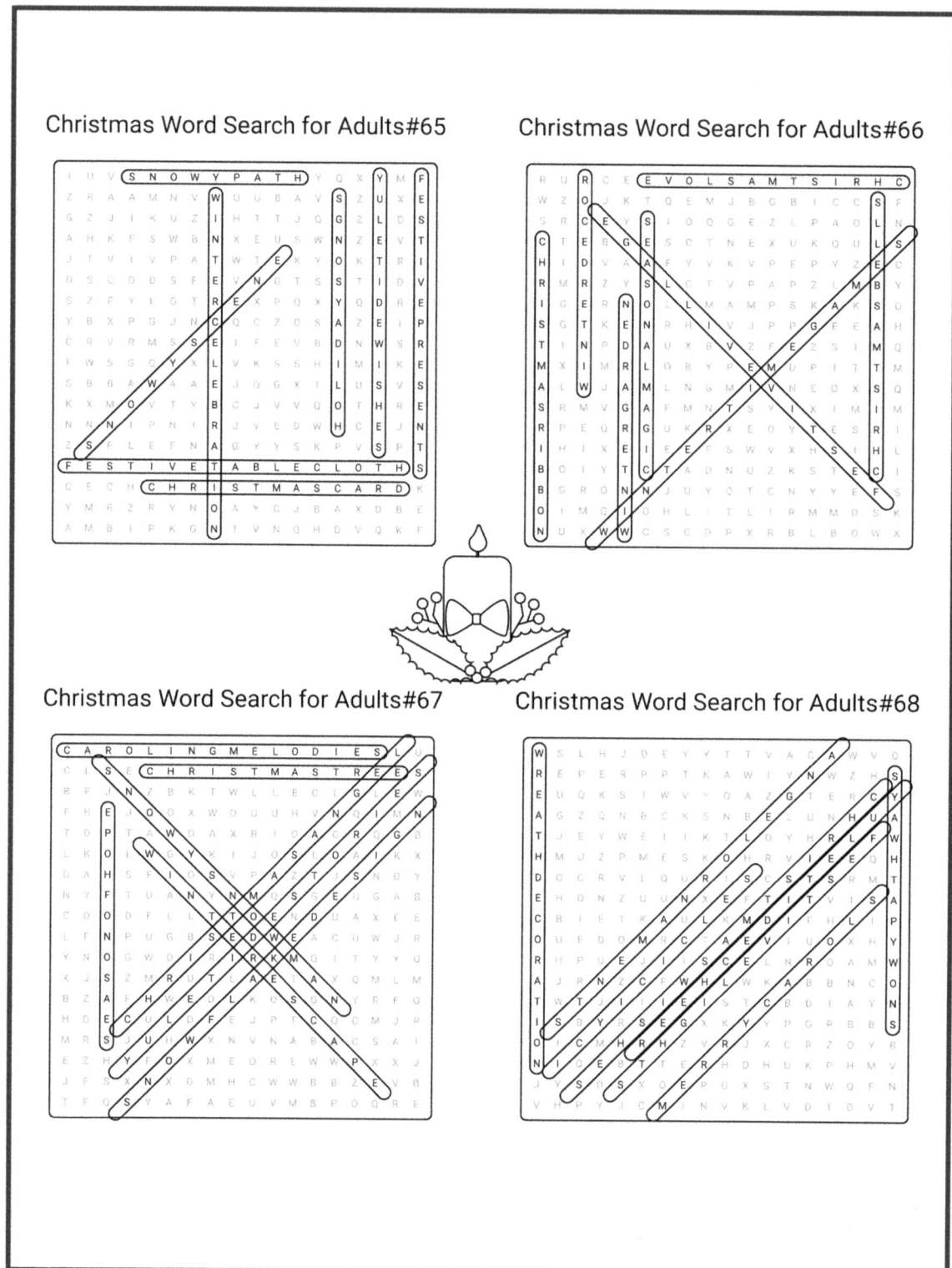

Christmas Word Search for Adults#65

Christmas Word Search for Adults#66

Christmas Word Search for Adults#67

Christmas Word Search for Adults#68

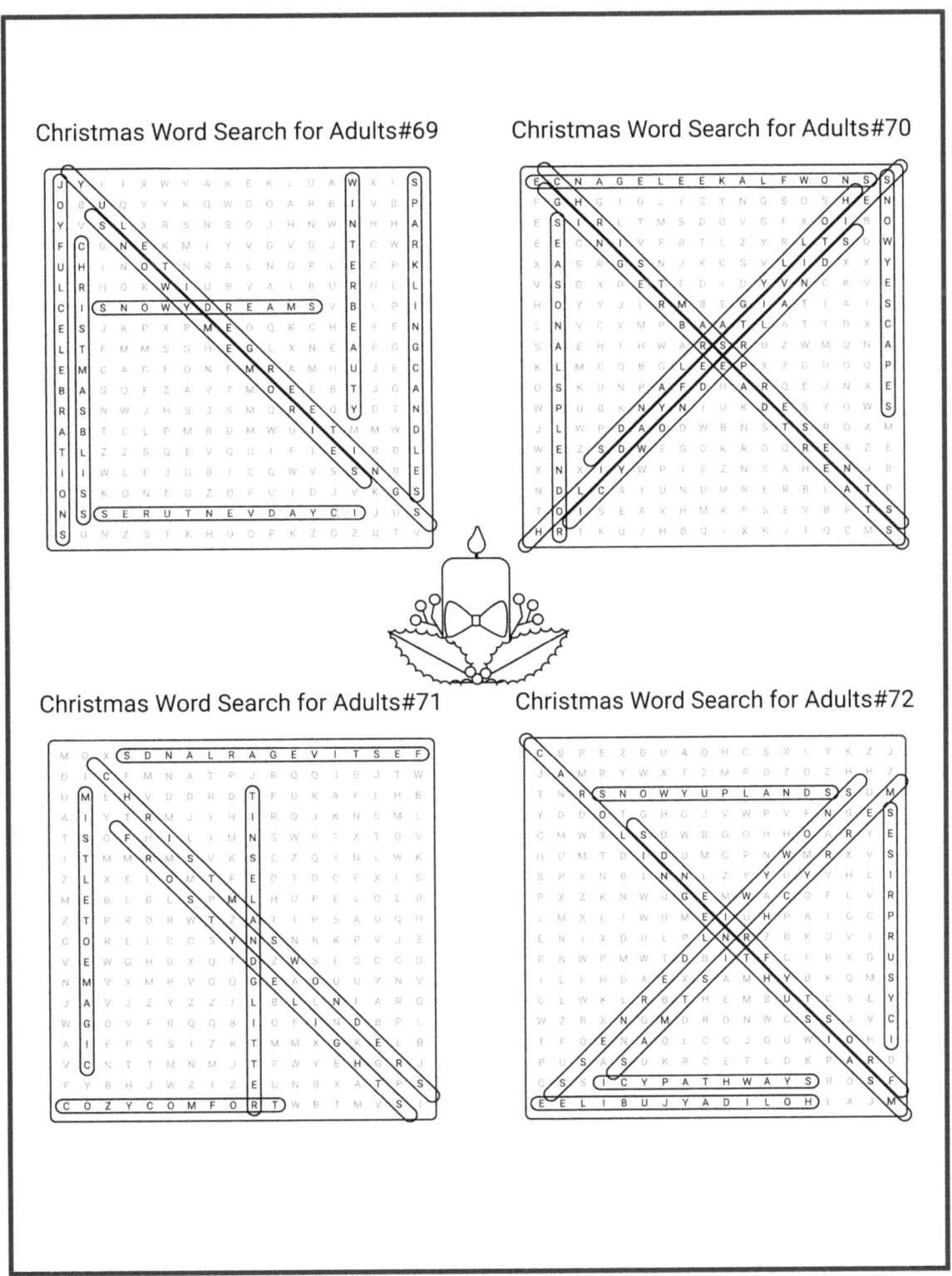

Christmas Word Search for Adults#69

Christmas Word Search for Adults#70

Christmas Word Search for Adults#71

Christmas Word Search for Adults#72

Christmas Word Search for Adults#73

Christmas Word Search for Adults#74

Christmas Word Search for Adults#75

Christmas Word Search for Adults#76

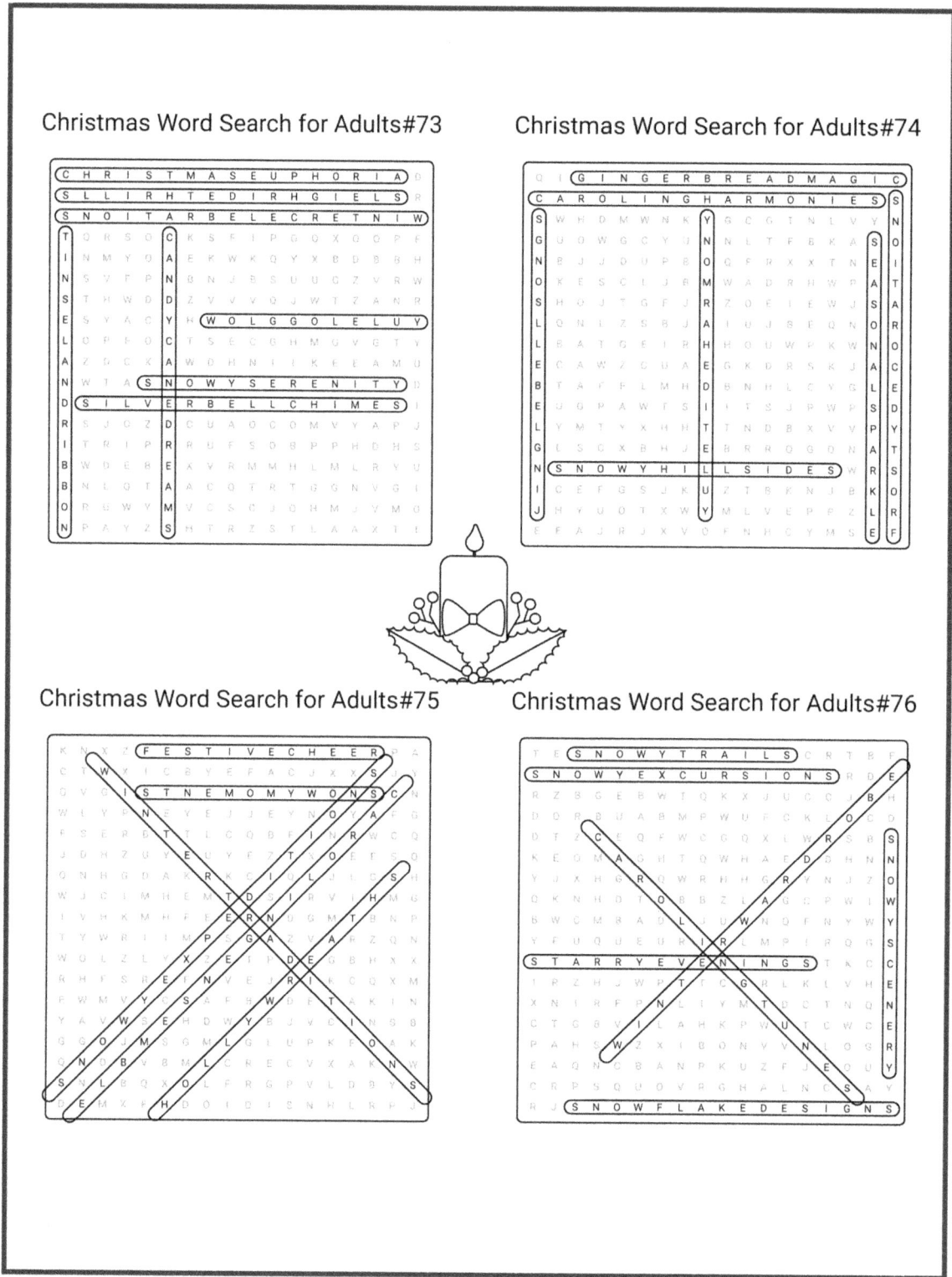

Christmas Word Search for Adults#77

Christmas Word Search for Adults#78

Christmas Word Search for Adults#79

Christmas Word Search for Adults#80

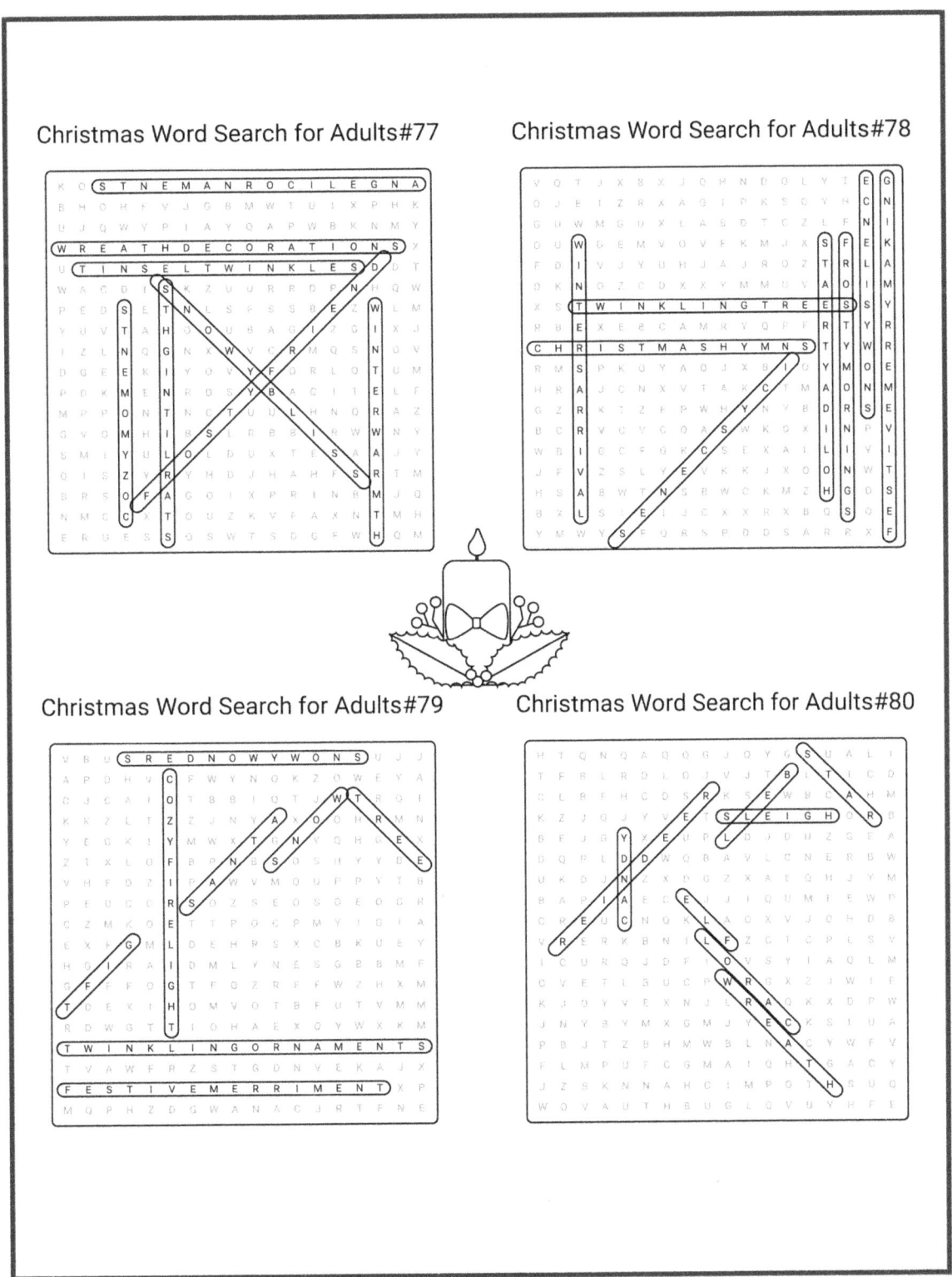

Holly Winters

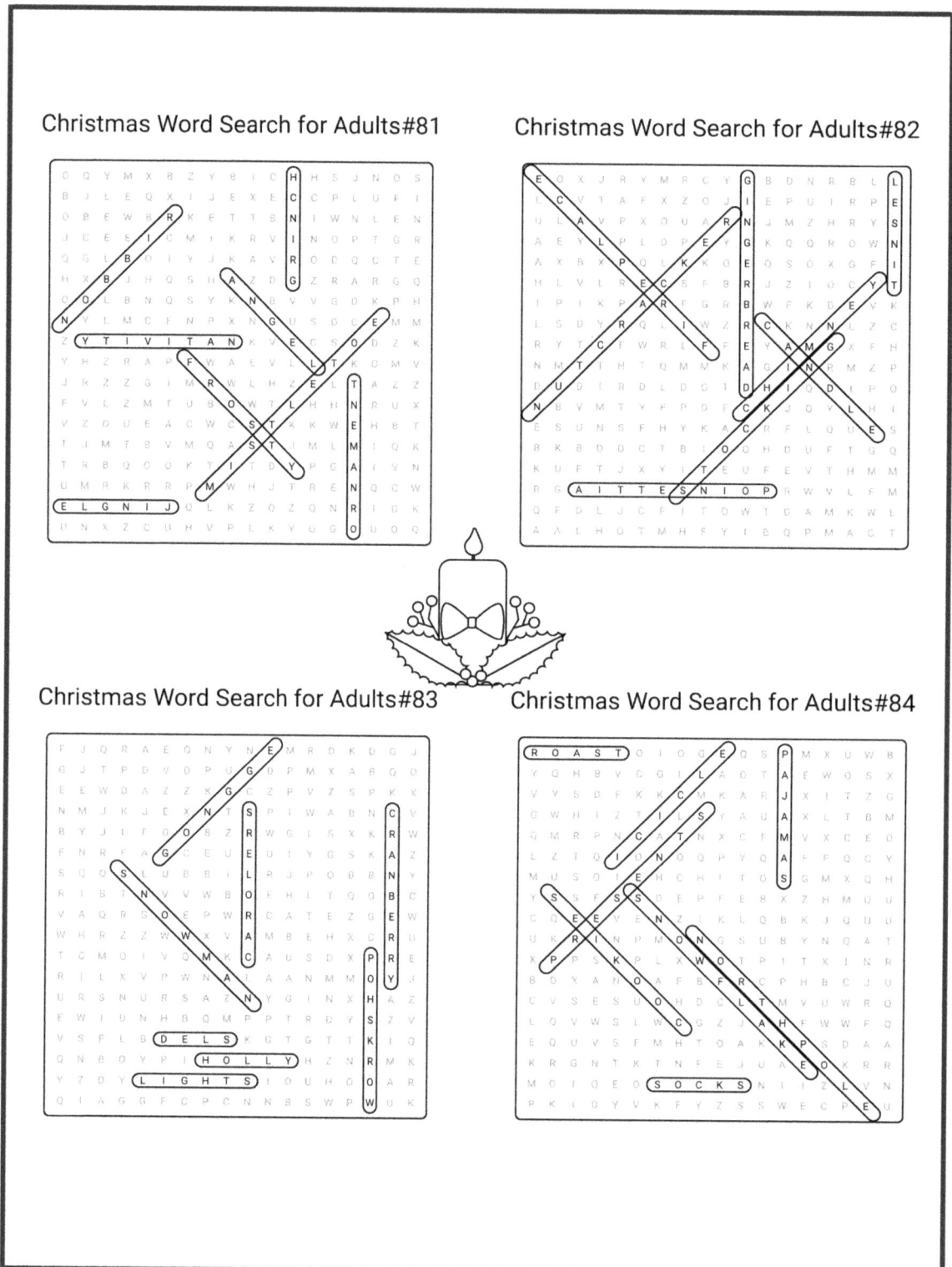

Christmas Word Search for Adults#81

Christmas Word Search for Adults#82

Christmas Word Search for Adults#83

Christmas Word Search for Adults#84

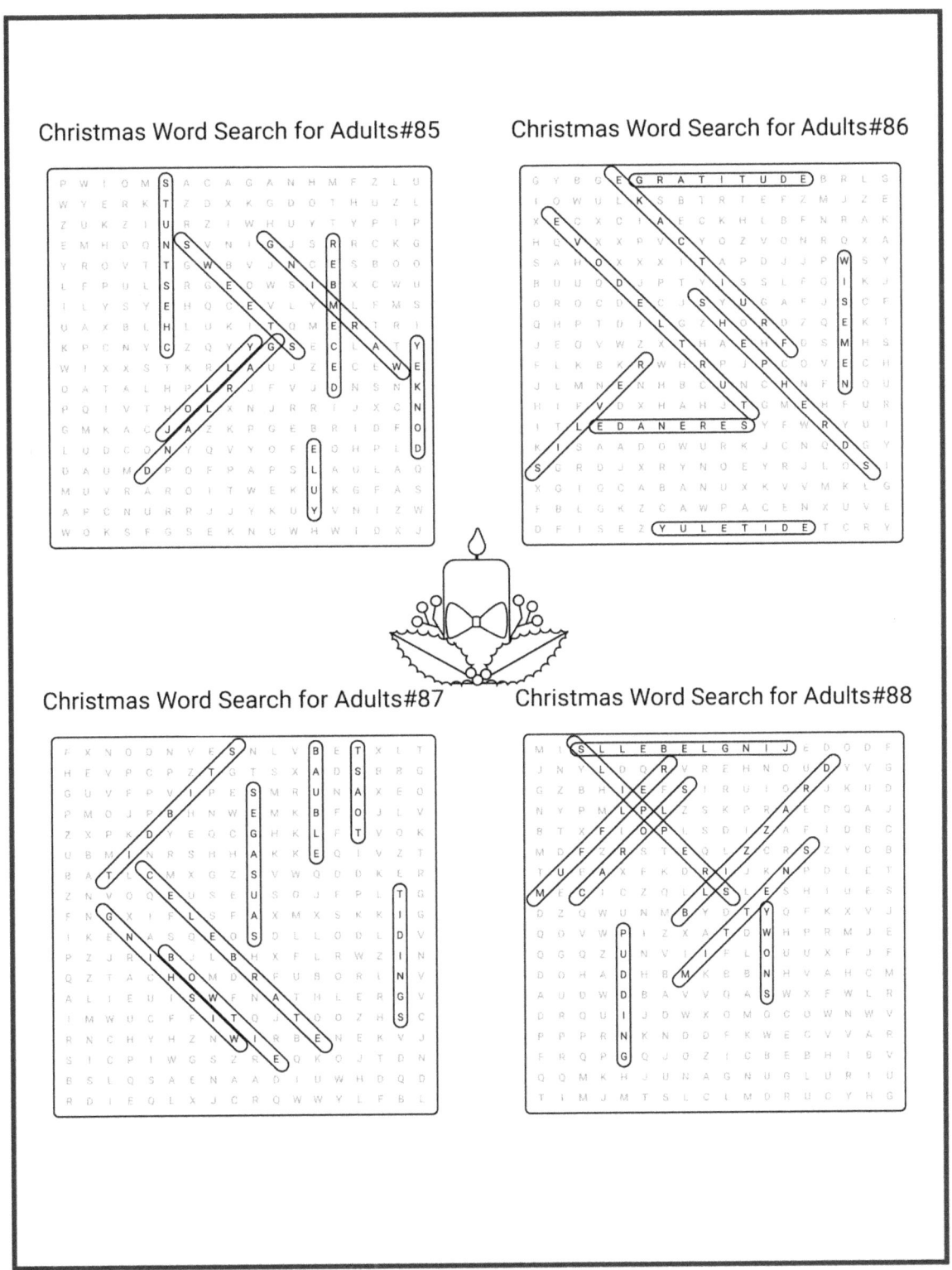

Christmas Word Search for Adults#85

Christmas Word Search for Adults#86

Christmas Word Search for Adults#87

Christmas Word Search for Adults#88

Christmas Word Search for Adults#89

Christmas Word Search for Adults#90

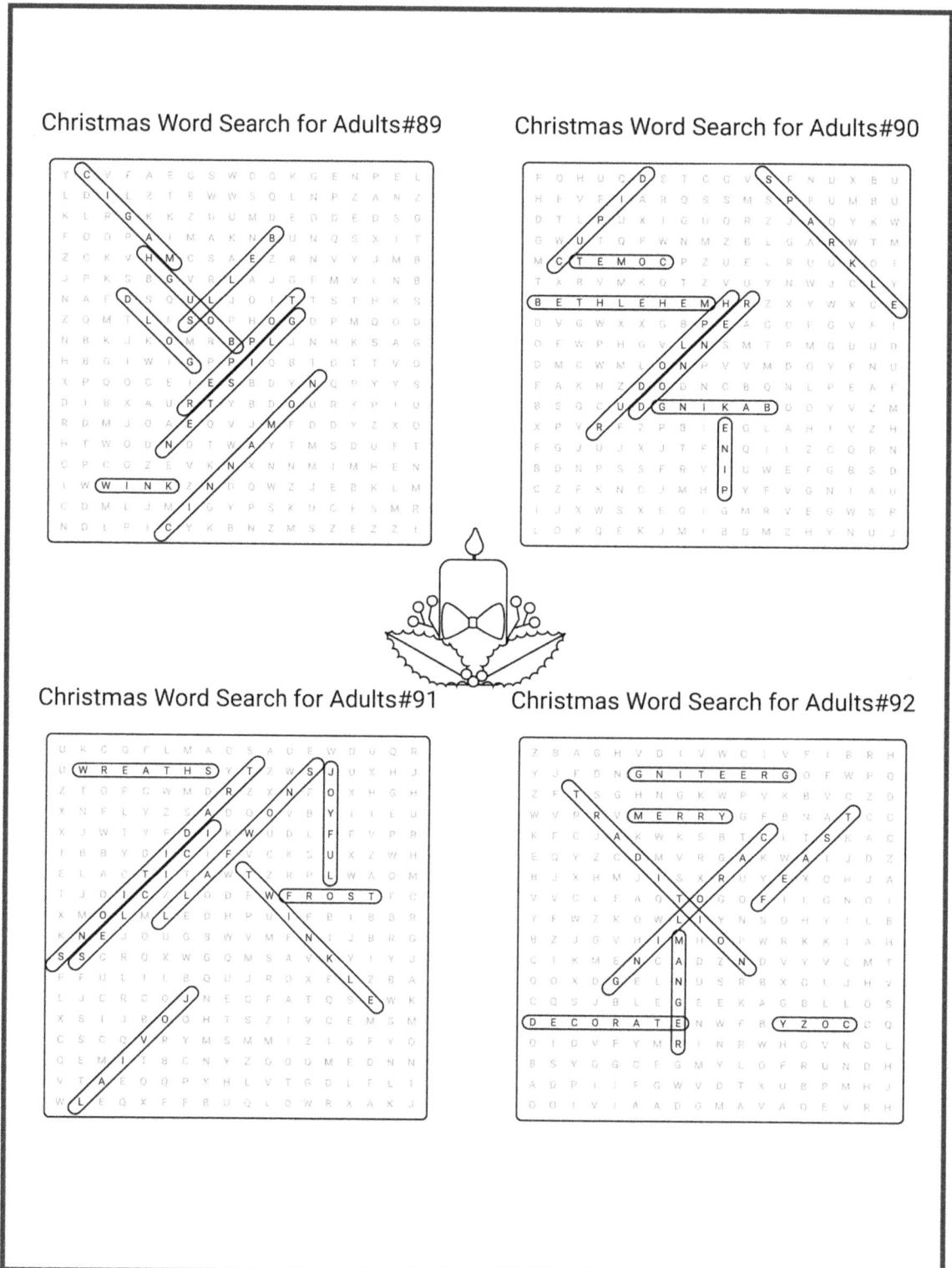

Christmas Word Search for Adults#91

Christmas Word Search for Adults#92

Christmas Word Search for Adults#93

Christmas Word Search for Adults#94

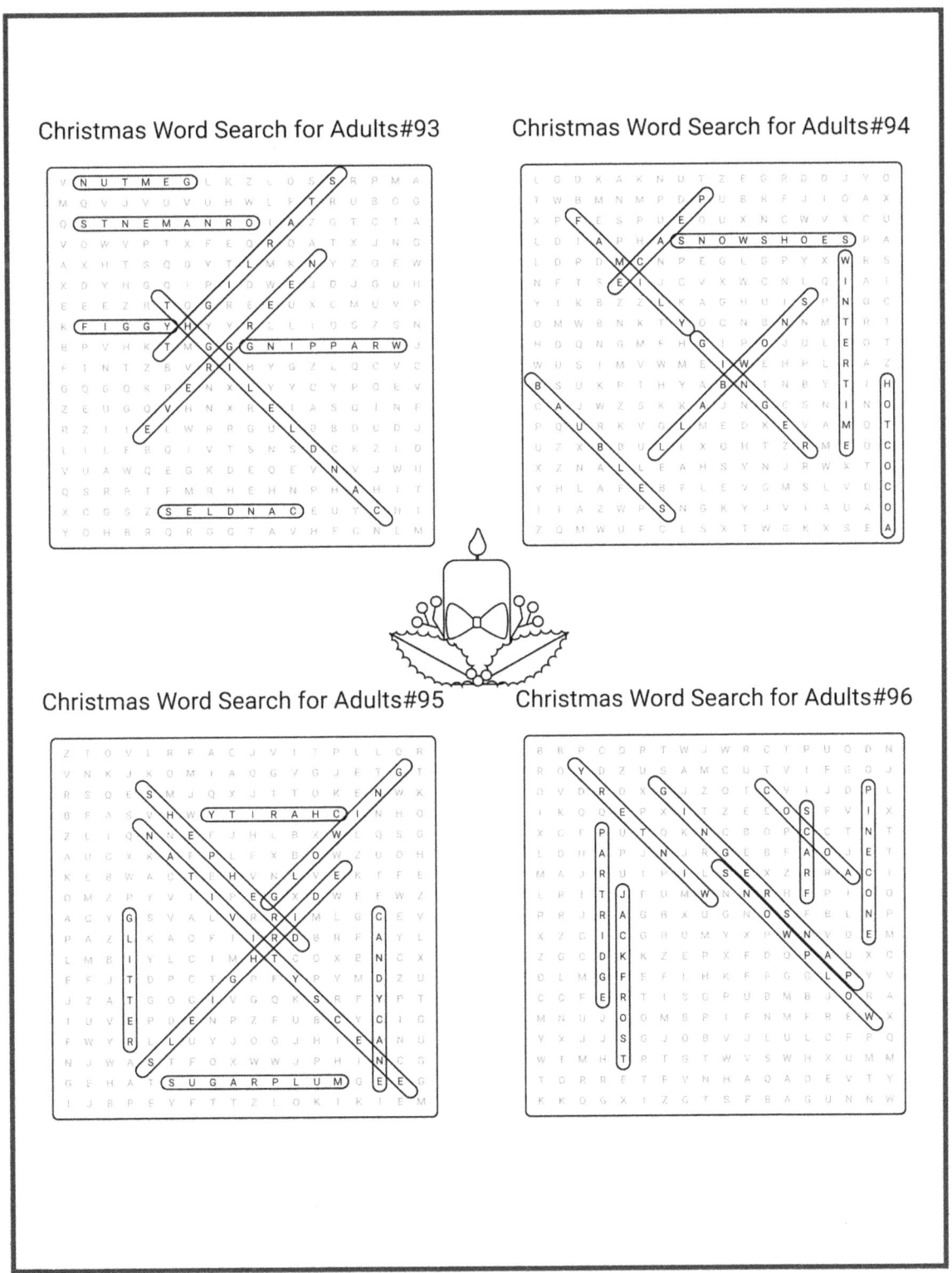

Christmas Word Search for Adults#95

Christmas Word Search for Adults#96

Christmas Word Search for Adults#97

Christmas Word Search for Adults#98

Christmas Word Search for Adults#99

Christmas Word Search for Adults#100

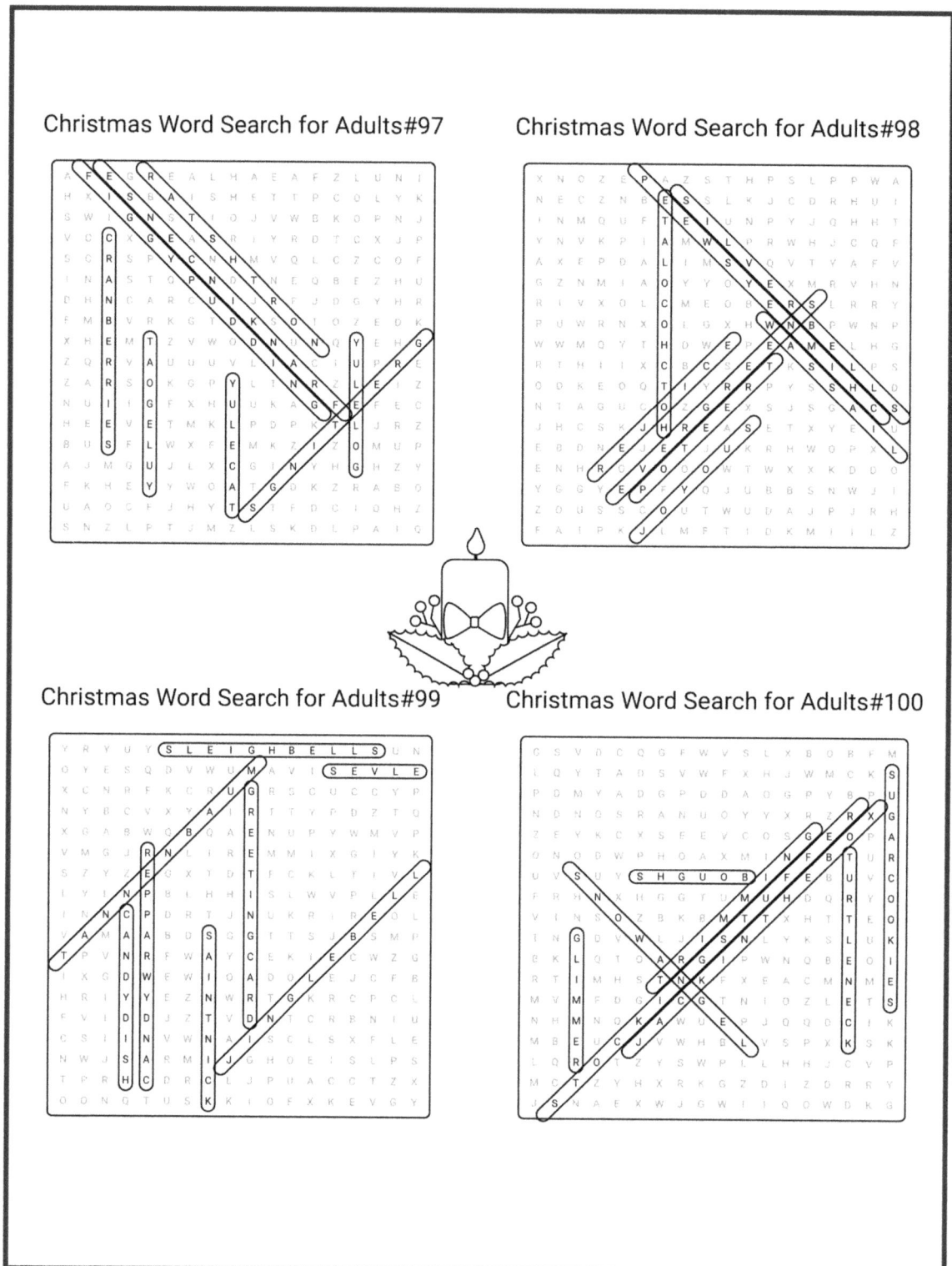